옥탑방 인테리어

rooftop self interior

옥탑방 인테리어

김윤영 지음

자취방
개조 프로젝트

버튼북스

PROLOGUE

스물다섯 청춘이
옥탑방에
살기 시작했습니다.

옥탑방을 선택한 이유야 한두 가지가 아니지만, 가장 큰 이유는 '로망'을 이루고 싶어서였습니다. 마음에 드는 옥탑방을 찾아 열심히 발품을 판 끝에 4층 건물 꼭대기에 소중한 보금자리를 얻었습니다. 온전히 내 공간인 그곳에서 마음 가는 대로 꾸미며 살기 시작했습니다. 스스로 꽤나 만족스럽게 변한 내 방의 모습과 그곳에서의 즐거운 삶을 살짝 자랑하고 싶어져서 어떤 온라인 카페의 방 자랑하기 카테고리에 사진 몇 장을 올렸습니다. 자랑하고 싶은 마음에 올린 사진인데 많은 분들이 칭찬을 해주셨고, 또 방을 꾸민 과정에 대해 구체적인 질문들이 쏟아졌습니다.

칭찬해주신 분들께 소소하지만 제 나름의 팁을 드리기 위해 블로그를 만들어 집을 꾸민 과정을 하나둘씩 올렸습니다. 그 팁들이 종종 포털사이트 메인에 등장하기까지 하더군요. 그다음엔 잡지 인터뷰, 방송 섭외까지 이어졌고, 심지어 지금은 제가 이렇게 책을 쓰고 있네요. 한 청춘이 품어온 로망을 실현하는 과정에서, 혼자 보기 아까워 부끄럽지만 조심스레 하기 시작한 자랑이 인생의 재미있는 사건들로 이어지고 있습니다.

혼자 사는 가구부터 신혼 부부나 일반적인 가정들 역시 대한민국에서, 특히 서울 하늘 아래에 자기 집을 갖기란 하늘의 별따기보다 어렵다는 말이 괜히 있는 게 아니라는 걸, 나이가 들수록 체감하게 됩니다. 전세난에 대한 얘기도 전쟁 같은 내 집 마련하기에 함께 따라오는 단골 레퍼토리지만 저는 그마저도 먼 얘기 같이 느껴지는, 월세방을 전전하지만 몸과 마음만은 튼튼한 이팔청춘입니다.

작년에 '서울 청년 5명 중 1명(23%)은 옥탑-고시원에 사는 주거빈곤층'이라는 제목의 기사를 본 적이 있습니다. 그리고 보니 처음 서울 올라왔을 때, 그리고 학교 재학 중에 얼마간은 고시원에서 살기도 했습니다. 그러니까 저는 고시원과 옥탑방을 전전하는 그 주거 빈곤층에 속하는 23% 중 한 명입니다.
감사하게도 막무가내로 기대려면 기댈 수 있는 부모님이 계셔 든든하지만 대학 학비 마련해주신 것만도 충분히 받을 만큼 받은 딸, 적어도 졸업하고부터는 독립해야 하지 않겠나 하는 마음에 호기롭게 경제적인 독립도 하겠다고 외쳤습니다. 하지만 역시 녹록지만은 않은 삶을 나름의 방식으로 꾸려나가는 중입니다.

그 삶의 한 페이지에 옥탑방 라이프도 하나의 사건이자 추억으로 자리하고 있습니다. '옥탑방'이라는 소소하고도 특별한 공간에서 살아가는 평범한 20대 후반의 이야기를 책이라는 엄청난 결과물로 꾸리는 것에 큰 부담을 느꼈습니다. 그럼에도 불구하고 살면서 내게 찾아오는 흥미로운 기회에 겁먹지 말고 그 안에 스스로를 던져보자는 마음으로 용기를 냈습니다. 또 주거 빈곤층에 속하는 삶이지만 내면만큼은 빈곤하지 않다는 걸, 주어진 환경이 어렵다면 인정할 건

일단 받아들이고 그 외의 다른 방법으로 삶을 더 흥미롭게 만들 수 있다는 걸 보여드리고 싶었습니다.

낡은 공간을 내 마음에 드는 새로운 공간으로 바꾸는 일은 해보지 않은 사람이라면 그저 막막하고 두려울 것이고, 한번 맛 들이면 헤어나기 힘든 짜릿한 경험이라는 걸, 이 책을 펼쳐든 여러분은 이미 알고 계시겠지요. 아무것도 몰랐기에 더욱 용감했던 저의 셀프 인테리어 기록이 누군가에게 두 팔 걷어붙이고 페인트칠, 아니 주변 공간 정리부터 시작하도록 용기와 자극이 되길 바랍니다. 길가에 버려진 낡은 서랍장을 그냥 지나치지 못하는 당신이라면, 저의 파란만장한 옥탑방 라이프에 깊이 공감하시겠지요?

우리 모두 조금 더 폼 나고 멋지고
내 마음에 쏙 드는 곳에서 살아갈 날을 꿈꾸어보자고요.
좁고 누추한 공간일지라도 폼 나게!

나만의 스타일로!

CONTENTS

PROLOGUE | 스물다섯 청춘이 옥탑방에 살기 시작했습니다.   005

01 오랫동안 꿈꿔온 옥탑방이라는 로망

옥탑방이라는 로망	014
좋은 옥탑방 구하기	018
◆자취방 구할 때 확인할 것들	022
옥탑방, 너는 내 운명	026
옥탑방 기초 공사	028
◆옥탑방 셀프 인테리어에 사용한 도구들	036

02 옥탑방과의 운명 같은 만남

ROOM 이렇게 아늑한 나만의 공간이라면	042
KITCHEN 이렇게 실용적인 나만의 공간이라면	046
BATHROOM 이렇게 비밀스런 나만의 공간이라면	050
STORAGE 언제 바뀔지 모르는 내 맘 간직하기	056
ROOFTOP 옥탑방 라이프 최고의 자랑	060

03
7평 남짓 옥탑방의 화려한 변신

같은 공간도 활용하기 나름	066
◆ 가구 배치, 힘쓰기 전 시뮬레이션 해보기	070
옥탑방은 여전히 변신 중 | 열세 번의 가구 배치	076
◆ 인테리어의 생명은 조명이라는 정석	102
◆ 리폼, 버려진 물건도 다시 보자	116
Reform 1 캔버스 액자 리폼	118
Reform 2 테이블&스툴 리폼	122
Reform 3 서랍장 리폼	136
개인의 취향을 담은 작업 공간	139
Reform 4 캔버스 프레임 거울 리폼	141
자고로 주방은 여자의 로망	152
곰팡이 가득했던 욕실의 환골탈태	177
죽은 공간 살리는 벽과 천장	208
우드월, 예상치 못했던 한 수	220
D.I.Y 1 방 분위기를 바꾸는 커튼	232
D.I.Y 2 새 옷을 입은 다이소 접시	240
D.I.Y 3 생기를 더해주는 셀프 꽃꽂이	244
낭만이 살아 숨 쉬는 옥탑	248

04
사람을 닮은 공간, 공간을 닮은 사람

조금은 부끄러운 셀프 인테리어의 기록	256
처음 자취를 시작한 친구의 방	266
센스 만점 부부, 친구의 신혼집	274

EPILOGUE | 당신의 공간에도 변화가 있기를!

인테리어, 모방에서 창조로   284

★옥탑방 그녀의 즐겨찾기
★당신의 감각을 높여줄 그곳

저렴하고 센스 있게 분위기를 바꿔보세요   286

★옥탑방 그녀의 즐겨찾기
★당신의 공간을 바꿔줄 그곳

01

오랫동안 꿈꿔온
옥탑방이라는 로망

MY ROMAN
옥탑방이라는 로망

인테리어 관련 어플리케이션에 제 방이 소개된 적이 있습니다.
거기에 수많은 댓글이 이렇게 달렸습니다.
'저도 옥탑방에 사는 게 로망이에요!'
드라마 속 캔디형 여주인공들이 굳세게 살아가는 모습을 보여줄 때
단골로 등장하는 공간이 바로 옥탑방이죠.
가난한 여주인공이 사는 집 치곤
지나치게 아기자기하고 예쁘게 표현됩니다.
드라마니까요!
이렇게 미디어에서 보이는 모습 덕분에
많은 사람들이 옥탑방에 살아보는 것을 젊은 날의 로망으로 꿈꿉니다.
저도 그런 로망을 가진 사람 중 하나였고,
지금은 그 로망을 이룬 사람 중 하나입니다.
옥탑방에 살면 왠지 대기업 후계자나 과거에서 온 왕자님이 '짠' 하고 나타나
작은 옥탑방을 로맨틱한 펜트하우스로 만들어줄 줄 알았는데,
제가 캔디가 아니라 그런 걸까요?
현실은 세월의 흔적 잔뜩 머금은 옥탑방의 모습 그대로였습니다.
뭐, 누가 만들어 주지 않는다면 제가 만들면 되죠!
꿈꿔온 로망을 이룰 수는 있지만, 그에 못지않은 단점도 많아

혹자들은 옥탑방으로의 이사를 말리기도 했습니다.
하지만 이전 자취방이 작은 도로와 맞닿은 1층이었던 관계로
창문도 맘 편히 못 열고 사느라 답답하기 그지없었던 생활을 청산하고 싶었습니다.
사서 고생해보자는 마음으로,
한 살이라도 어릴 때 버킷리스트도 하나 지울 겸,
친구들을 불러 모아 작은 파티를 열 수 있고,
나만의 테라스가 있는 곳에 살아보고 싶다는 욕구를 충족할 수 있는,
옥탑방살이를 시작하기로 했습니다.

흔히 옥탑방에 산다고 하면 '여름엔 덥고 겨울엔 춥다는 그 옥탑방?'
이 생각을 가장 많이 하실 겁니다.
분명 여름엔 덥고 겨울엔 춥습니다.
일반적인 다세대 주택, 원룸, 오피스텔보다 분명히 더 춥고 더울 거예요.
일단 건물의 맨 위층에 있고, 아파트처럼 벽을 맞댄 옆집이 있는 것도 아닙니다.
여름의 뜨거운 햇살과 겨울의 차가운 북서풍을 홀로 맞아야 하기 때문에
안 덥고 안 추울 수가 없어요.
하지만 옥탑방이 어떻게 지어졌느냐에 따라 차이는 있습니다.
옥탑이지만 벽돌로 지어진 집이라면 상황이 좀 나을 것이고,
샌드위치 패널로 지어졌다면 굳이 말 안 해도 열악한 모습이 그려지실 겁니다.

제 옥탑방의 경우, 방은 벽돌 건물이고
주방과 화장실, 창고는 샌드위치 패널로 지어졌어요.
그래서 겨울철 샤워는 정말 곤욕스럽죠.
엄청 추워요, 샌드위치 패널로만 이루어진 화장실은요.

옥탑이 다른 주거 공간에 비해 환경이 우수하다고 볼 수 없고
특히 더위, 추위에 취약하다는 것은 정말 큰 단점이 될 수 있겠지만
저는 옥탑방에 살 날을 꿈꿀 때도, 살고 있는 지금도 그리 거슬리지 않습니다.
다른 형태의 집엔 없는 장점이 아주 많다고 생각하기 때문입니다.
저는 햇볕 화사하게 내리쬐는 옥상 한가운데 빨래를 팡팡 털어 널고
친한 친구들을 불러 바비큐 파티를 하고
카펫을 깔고 베개를 베고 누워 하늘을 바라보는 게 좋아요.
여기서 별을 봐줘야 그림이 사는 건데 서울 하늘에서 별을 보긴 힘들더라고요.
이런 것들을 이루기 위해 폭염으로 찔듯이 더운 며칠쯤은 참을 수 있어요.
또, 옥상에 쌓인 눈 위에 맨 처음으로 뽀드득 소리내며 발자국을 남겨주고
옥탑 아래로 하얗게 변한 동네를 내려다보는 어떤 겨울의 아침을 좋아합니다.
그래서 겨울에 샤워할 때 소름 돋는 추위나
벽을 뚫고 들어오는 찬 기운은 크게 신경 쓰이지 않습니다.
까짓것 커피 몇 잔 덜 마시고, 화장품 좀 저렴한 거 쓰고
에어컨, 보일러 조금 더 켜면 되죠.
삶이란 얻는 게 있으면 잃는 것도 있어줘야 균형도 맞고 재밌는 거 아닐까 싶어요.
그러니 옥탑에 살고 싶은데 여름에 덥고 겨울에 춥다고 해서 걱정하시는 분들은
여름에 덥고 겨울에 춥다는 옥탑의 고질적인 단점을 일단 인정하시고
그런 점들을 어느 정도 견딜 만큼
옥탑방에 살고 싶다는 로망을 이루고 싶은지를 고민해보세요.
저는 처음 이사할 때부터 인정하고 들어와 살다 보니
오히려 걱정했던 것보단 살 만하다는 생각이 들더라고요.

다 생각하기 나름이에요!

좋은 옥탑방 구하기

처음에는 인터넷 직거래 사이트를 이용하여 자취방을 알아봤습니다.
당연히 검색 키워드는 '옥탑방'이었죠.

이 방을 구할 당시에는 지역에 크게 구애받지 않는 입장이었기 때문에
온라인상에서 가격과 사진만 확인한 후 줄기차게 발품을 팔았습니다.
인터넷으로 본 방을 직접 가서 보고,
동네가 마음에 들면 근처 부동산에 들어가서
다른 좋은 매물이 있는지도 확인했습니다.
하지만 옥탑방이라는 제한을 떡 걸어놓고 찾다 보니 한계가 많더군요.
한 건물에 임대할 수 있는 방은 많지만
옥상을 단독으로 쓸 수 있는 옥탑이라 함은 건물에 단 하나밖에 없는
특별한 공간이란 뜻이니까요.
그렇게 특별한 공간을 찾는데 이 정도 노력을 들이는 건 어쩌면 당연하겠죠.

내가 따지고 고른 **옥탑방의 조건**

1. 나 혼자만 누릴 수 있는 옥탑
2. 옆 건물에서 넘어올 수 없는 안전한 구조
3. 저렴한 월세
4. 셀프 인테리어 작업을 허용해주는 너그러운 집주인
5. 풀옵션 No 에어컨과 싱크대만 있으면 OK
6. 비포와 에프터가 확연히 비교되는 적당한 세월의 흔적을 품은 집
7. 정해진 예산 내에서 가능한 한 넓은 크기

옥탑방을 구할 때 위에 일곱 가지 조건들 중에
무엇 하나 중요하지 않은 것은 없었지만,
가장 중점을 두었던 부분은 4번과 5번이었습니다.
4번과 5번 조건은 저의 셀프 인테리어 정신에 부합하는
필수적인 고려 요건이라고 할 수 있죠.
좁은 원룸을 DIY 가구로 최대한 활용할 수 있고,
사서 쓸지언정 내 마음에 드는 가구를 배치하려면
5번의 조건이 충족되어야 합니다.
그리고 4번. 너그러운 집주인이 허락하셔야
제 마음에 드는 컬러로 페인트칠이라도 하고 살 수 있는 거죠.
이런 조건에 부합하는 집을 찾아다녔습니다.
집 보러 갔을 때 집주인들에게 집을 손봐도 괜찮은지 여쭙고
조금이라도 불편해 보이면 그 집은 바로 목록에서 지웠어요.
그러다 보니 풀옵션이나 신축 원룸은 아예 고려 대상에서 제외됐죠.

가구나 소품만으로 집을 꾸미는 홈드레싱 정도라면 상관없겠지만,
페인트칠을 하고 못을 박아 집에 조금 더 직접적으로 변화를 주고 싶다면
약간은 노후한 곳을 찾으셔야 할 겁니다.
막 새 옷을 입혀놓은 듯한 신축 원룸이나 고급 풀옵션 오피스텔은
제가 주인이라도 못 건드리게 할 것 같거든요.
그리고 신체 건강하고 힘도 상당히 세지만
나름 겁 많은 여자인 저 자신과 저의 프라이버시를 보호하기 위해
옥탑은 아무나 드나들 수 없는, 안전한 구조의 공간이길 원했습니다.
또 비루한 월세살이 자취생이므로 월세가 저렴할수록 좋겠죠.
가능한 한 큰 공간이면서도 나의 셀프 인테리어를 온몸으로 품어주고
한눈에 '잘했다' 티가 나는, 약간은 노후한 공간을 찾는 것이 미션이었습니다.
남들이 안 따지는 걸 따져서 더 집 구하기 어려울 거라고
들어갔던 부동산 중개사분들마다 저에게 이야기하시더군요.
눈 안 높은 척은 다하면서 오히려 더 까다롭게 따지고 따졌습니다.
당연하죠! 제가 살아야 할 저의 공간을 고르는 일인 걸요.

부동산 중개사 분들이 참 많이 물으시더군요.
"도대체 좋은 방 다 놔두고 왜 그런
옵션 없는, 낡은, 어쩌면 조금 위험할지도 모르는 옥탑방을 찾는 거야?"

왜냐하면, 전 로망이 있거든요!

그야말로 신랑감 고르기보다 어려운 옥탑방 구하기였습니다.
나의 로망을 찾아다니면서 서울 시내에 있는
갖은 악조건의 옥탑방 구경은 다 한 것 같습니다.
지나치게 낙후되었거나, 아무나 드나들 수 있어 위험하거나,
프라이버시를 보장받지 못한다거나, 옥상이 발 뻗고 누울 수도 없이 협소하거나,
샌드위치 패널로만 이루어져 있어 겨울엔 정말 동상 걸릴 것 같다거나,
너무 비좁거나 천장이 답답할 정도로 낮거나…
아무리 옥탑방의 로망을 부르짖더라도 도저히 감수할 수 없는 이유들로
방을 구하지 못한 채 약 세 달을 보냈습니다.

얼마만큼의 시간을 옥탑방에서 살게 될지는 모르지만
저의 20대 중후반을 알콩달콩하게 보낼 수 있을 집인지 확신이 들기까지
스무 개가 넘는 옥탑방을 보고 다녔어요.
이게 괜찮으면 저게 별로고 저게 괜찮으면 이게 별로고
서울 하늘 아래 내 맘에 드는 방 한 칸 찾기가 뭐 이리 힘든지!
자유로운 싱글 라이프에 심취해 있는 저지만
이때만큼은 강원도에 계신 부모님 품이 정말 그립더군요.

자취방 구할 때 확인할 것들

저는 지방에서 상경했기에 계약이 끝날 때마다
방을 구하러 다녀야 했습니다.
원하는 조건에 완벽하게 들어맞는 집을 구하기는
하늘의 별 따기일 겁니다.
하지만 가능한 범위 안에서 조금이라도 더 나은 집을 찾아야 하는 것이
모든 자취생들의 미션이겠지요.
집 구할 때 살펴봐야 할 것 중 나에게 꼭 필요한 우선순위를 정하고
또 '이 정도면 수용할 수 있다' 하는 마지노선도 스스로 정한 다음
자신만의 기준을 만들어보는 일은 새로운 집을 구할 때 매우 중요한 과정입니다.
계약 기간 동안은 적지 않은 돈을 들여 살아가면서
가장 많은 시간을 보내게 될 내 집이니까요.
자신에게 맞는 집은 스스로가 제일 잘 알 테니
제가 만든 체크리스트를 참고하셔서, 자신만의 리스트를 만들어보세요.

보안과 안전

성별 구분 지을 필요 없이 아무리 강조해도 지나치지 않을 안전! 보통 오피스텔이나 원룸형 건물이 아닌 다세대 주택, 상가 건물 등에 있는 옥탑의 특성상 입구 현관과 집 현관 모두 잠금장치가 있는 이중 보안이면 금상첨화! 그리고 집 주변과 집으로 들어가는 길목이 너무 외지지는 않은지, CCTV가 있는지도 미리 알아보세요.

채광과 환기

옥탑방은 대부분 채광은 걱정하지 않아도 되죠. 하지만 주변에 높고 큰 건물이 가리고 있거나 해가 들지 않는 방향으로 창문이 나 있지 않은지, 창문의 개수는 몇 개인지 확인하세요. 그리고 가능하다면 방을 구할 땐 낮에 알아보고, 방 불을 모두 끈 상태로 채광을 확인해보세요. 집을 보러 갔을 때 집주인이나 부동산 중개인이 방에 들어서자마자 방 불부터 켠다면 조용히 웃으며 불을 꺼주세요. 분명 집을 구할 땐 밝았는데 입주하고 보니 불 안 켜면 낮에도 어두컴컴한 집도 흔하답니다.

보일러, 에어컨

자취방을 꼭 옥탑방으로 구하겠다고 제한한다면 단열은 포기해야 할 수도 있어요. 그렇다면 우리에게 필요한 건 보일러와 에어컨이죠. 눈물을 머금고 냉난방 비용을 지불해야겠지만, 우선 잘 작동하는지 필히 확인해야 합니다. 한여름과 한겨울에 나를 지켜줄 고마운 존재니까요. 사실, 준비되어 있지 않은 경우도 많아요. 이럴 때는 가성비 좋은 걸로 미리 마련하시길 추천합니다.

수압

샤워할 때마다 물이 졸졸 흐르는 샤워기를 들고 씨름한다면? 집에서 볼일을 볼 때마다 변기가 막힌다면? 매일이 스트레스죠. 변기, 샤워기, 싱크대 수압이 적당한지, 누수가 없는지 꼭 체크하세요.

냄새와 곰팡이

피곤한 상태로 집에 돌아왔는데 문을 열자마자 악취가 나를 반긴다면 정말 불쾌하겠죠? 싱크대 밑 하수구 배관, 화장실 하수구에서 냄새가 올라오지 않는지 확인하세요. 그리고 벽에 금이 간 곳은 없는지, 곰팡이가 피지 않는지도 살펴봐야 해요. 최근에 새로 도배한 집이라면 사실 이전에 곰팡이가 피었는지 육안으로 확인하기 어려운데요. 집주인이나 이전 세입자에게 충분히 묻고 확인해야 합니다.

벌레

벌레를 덜 무서워할 수는 있지만 집에 바퀴벌레가 나오는 걸 좋아하는 사람은 없을 겁니다. 물론 옥탑에 살다보면 벌레가 날아 들어오는 경우가 종종 있지만 애초에 살고 있던 녀석과 동거할 필요는 없으니까요. 바퀴벌레, 개미 같은 해충이 나보다 먼저 삶의 터전을 잡고 있는 건 아닌지 알아보세요. 직접 물어볼 수도 있고 불안하다면 집 구석구석 돌아보며 바퀴벌레 약이 붙어 있는지도 확인해보세요. 그리고 언제 등장할지 모르는 이 불청객들에 대비해 몇 가지 제품을 마련해두세요.

관리비

옥탑의 경우 전기세가 따로 분리 청구되지 않고 다른 집과 나누어 내는 경우도 꽤 자주 발생해요. 합의하에 잘 분리하여 내도 되지만 아무래도 일일이 확인해야 하는 번거로움은 있어요. 공과금은 분리 청구되는지, 보일러가 오래돼서 너무 많은 난방비가 청구되지는 않는지, 기타 관리비 내역까지 집주인에게 꼼꼼히 확인해야 합니다.

주변 환경과 교통

안전을 위해서도 주변 환경을 고려해야겠지만, 쾌적한 생활을 위해서도 공원, 큰 마트, 근처 슈퍼, 과일가게, 헬스장 등 편의 시설이 가까이 있는지 확인하면 좋겠죠. 그리고 자주 다니는 장소를 오가기에 교통이 편리한지도 미리 알아보세요. 차가 있으면 좋겠지만, 월세살이를 하는 자취생이 차가 있는 경우는 드물 것이고, 혹시 있다 하더라도 서울에서는 자차를 이용하기보다 대중교통을 이용하는 게 편리할 때도 많으니까요. 일단 역세권이면 더없이 좋을 것이고, 살고자 하는 집 근처 버스정류장에 가보세요. 노선도를 한번 살펴보면 지하철로 몇 번 환승하고 다녔던 곳을 한 번에 데려다주는 버스를 발견하는 재미도 있답니다. 굳이 발품 팔지 않아도 요즘 교통 정보 어플리케이션도 잘 되어있으니까 꼭 확인해보세요.

옥탑방, 너는 내 운명

그렇게 헤매고 헤맨 끝에 마치 운명처럼
지금의 옥탑방을 만나게 됩니다.
정말 집과 사람 사이에도 인연이란 게 존재하는 걸까요?

이 방은 인터넷 직거래 사이트를 통해서
수많은 동네의 수많은 옥탑방을 보러 다니다가
마음에 드는 방을 찾지 못해 발길을 돌려 돌아오던 중
기대 없이 들어갔던 부동산에서 우연히 만나게 됐어요.
심지어 매물에 나와 있지도 않았는데 말이죠.

우연히 들어갔던 그 부동산에 나와 있는
모든 옥탑방을 봐도 마음에 들지 않았어요.
부동산 중개사도 제가 원하는 조건이 독특하다 보니
도대체 왜 젊은 아가씨가 풀옵션의 좋은 원룸도 많은데
굳이 그런 악조건의 집을 원하느냐며 고개를 저으셨죠.
그러다가 매물에 나오진 않았지만
동네 지인 분의 옥탑방이 비어 있는데
혹시 원하는 게 그런 집인지 구경이나 해보라며 보여주신 집이
지금 제 삶의 터전인 이 옥탑방입니다.

100% 만족했던 건 아니지만, 저의 필수 요건에는 어느 정도 들어맞았고,
무엇보다 파란 하늘이 한눈에 들어오는 넓고 탁 트인 옥탑!
저만의 공간이 될 옥탑 문을 처음 열었을 때의 기분은
정말 목욕을 하다 밀도를 측정하는 방법을 알아내고 알몸으로 뛰어나가
유레카를 외쳤던 아르키메데스와 같았다고 하면 어느 정도일지 예측하실까요?
그때의 두근거림을 잊을 수 없습니다.
여기서 제 20대의 한 페이지 속 스토리가 꽤나 흥미로워질 거란
확신이 들었거든요.

지하 1층 2개, 1층 3개, 2층 3개, 3층 1개 총 9개 가구가 살고 있는
지상 3층 다세대 주택의 맨 위층 옥탑방 평면입니다.
옥상과 바로 연결된 문이 폐쇄되어 있고,
사용할 수 있다고 하더라도 사다리를 이용해야 하는 구조라,
방과 옥상을 출입할 수 있는 통로는 현관뿐입니다.
방, 주방, 화장실, 창고를 모두 합한 크기보다 큰 옥상을
혼자 사용할 수 있는 아주 좋은 조건의 옥탑방이죠.

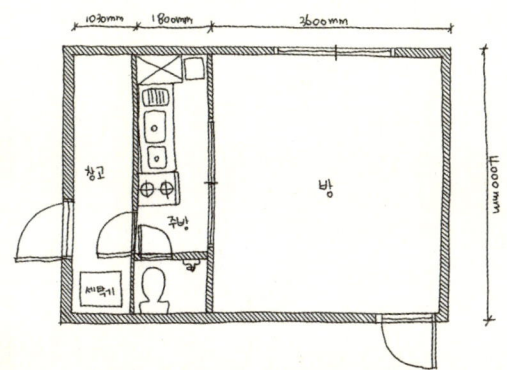

옥탑방 기초 공사

3일 만에 3kg 감량!
무슨 다이어트 제품 홍보 글 같죠?
제가 옥탑방 기초 공사를 셀프로 진행하며 얻은 성공 실화라고나 할까요?
실제로 3일 만에 3kg을 감량하는 쾌거(?)를 이루었습니다.

2013년의 어느 가을날. 탁 트인 옥탑에 반해 계약서에 사인을 해버렸고,
그렇게 마음에 쏙 들지만 고치고 싶은 것은 많은,
그래서 더 흥미로운 이 집에 들어왔습니다.
친절한 주인 할머니께서 짐을 옮기기 전 일주일가량 시간을 주신 덕분에
아무것도 없는 집에서 페인트칠부터 편안하게 할 수 있었어요.

이 휑한 옥탑방을 도화지 삼아
저 혼자, 제 마음대로 그림을 그려볼 시간입니다.
그리 전문적이지 않은 간단한 재료들로 시작했습니다.
흰색 페인트, 투명 바니시, 젯소, 롤러, 마스킹 테이프만
캐리어에 담아 끌고 와 시작한 게
이 요란한 옥탑방 놀이의 출발입니다.

천장과 벽, 몰딩, 창틀은 온통 하얀색으로 칠하고
주방으로 통하는 철제문, 화장실 문, 옥상으로 통하는 문은
까만색으로 칠했습니다.
많은 소품과 가구가 작은방을 가득 메울 테니
바탕색은 무채색이 좋다고 생각했어요.

3.6m×4m짜리 방 한 칸 딸린 옥탑방을 살 만하게 정리하고
페인트로 기본색을 칠하는 작업을 하는 데 꼬박 3일 걸렸습니다.
아침밥을 먹고 와서 종일 롤러와 붓을 손에 들고 놓지 않았어요.

저 나름 미대 나온 여잔데 지금껏 제가 사용해본 가장 큰 도화지였고
저 혼자, 제 손으로 하나부터 열까지 직접 만든
가장 큰 작품이기도 했습니다.
그리고 제가 만드는 대로 제 삶이 온전히 녹아들 거라고 생각하니,
밥을 안 먹어도 배가 부르더군요.
정말 신나게 페인트칠을 했습니다.
팔을 뻗어 천장을 칠할 때도 그리 힘들지 않더라고요.
다만 끝내고 집에 돌아와서는 삭신이 쑤셔 그대로 기절하곤 했죠.
그렇게 3일이 지나 옥탑방은 뽀얗게 태가 나기 시작했고,
저의 몸무게는 3kg 줄어 있었습니다.
고생해서 뺀 거라 그런지 요요도 오지 않았어요.
아니 이런 예기치 못한 이득이 있을 줄이야.
이게 바로 누이 좋고 매부 좋고, 도랑 치고 가재 잡은 상황 아닌가요?
몸도 마음도 산뜻한 옥탑방살이는 이제부터 시작입니다.

시원하고 탁 트인 옥탑에 반해 그 자리에서 계약서에 도장을 찍고 입주 전 본격적으로 손볼 곳을 체크하기 위해 옥탑방을 다시 찾았다. 눈에 콩깍지가 벗겨지고 나니 처음엔 보이지 않았던 문제점들이 눈에 띄기 시작했다. 고생길의 서막은 이렇게 열렸다.

인테리어에 조금이라도 관심 있다면 아시겠지만
벽의 색상이나 패턴을 바꾸는 게 공간의 분위기에 엄청난 영향을 미칩니다.
또 소품이나 가구로 인테리어하기 전에
가장 먼저 해야 하는 셀프 인테리어의 시작점이기도 하고요.
그래서 많은 분들이 셀프 인테리어를 시작할 때 첫 고민은
'벽을 어떻게 시공할까?'일 거예요.
색상과 패턴 선택은 미루고서라도 도배와 페인트 중
무엇을 선택할지 고민하게 됩니다.
저는 두 가지 다 해봤는데, 각각의 장단점이 있습니다.

도배의 경우 도배지의 다양한 패턴을 이용해 벽에 포인트를 주고 싶을 때,
기존의 벽지가 많이 지저분하고 더 깔끔한 마감을 원할 때 추천합니다.
하지만 오염이 있을 경우 닦아내기 어렵고 긁혀서 손상되면
복구가 거의 불가능합니다.

반면에 페인트의 경우 기존 도배 상태가 깔끔해야 하고
시공할 때 약간의 냄새가 날 수 있다는 단점은 있습니다.
하지만 최근에는 냄새가 거의 없는 친환경 페인트가 많이 출시되어 있고,
특히 작업하고 남은 페인트를 잘 밀봉하여 보관해뒀다가
얼룩이 묻거나 긁힘 등 오염이 생기면
언제든지 가벼운 붓 터치 몇 번으로 깨끗하게 보수할 수 있다는 장점이 있습니다.

그래서 저처럼 집을 가만두지 않고 계속 꾸미고 가꾸는 사람들에게는
페인트를 더 추천해 드립니다만,
결국은 원하는 콘셉트나 각각의 집 고유의 환경이 모두 다르기 때문에
특성에 맞는 방법을 충분히 찾아보고
가능하다면 전문가의 상담도 거친 후 결정하는 게 좋겠죠.

입주 전 옥탑방의 모습. 현관은 잠금장치도 부실한 오래된 철제문이었는데 친절한 주인 할머니께서 교체해주시기로 했다. 그 외의 인테리어 관련 부분은 스스로 보수하기로 하고 저렴한 월세로 입주했다.

왜 남의 집에 내 돈과 내 시간을 투자하느냐는 질문,
옥탑방으로 이사하며 수없이 들었습니다.

하루를 살아도 내 집같이!

남의 집이 아닙니다. 계약하고 사는 2년 동안은 제 집이라고 생각합니다.
저는 나름의 원칙을 가지고 사는데,
잠깐이라도 머무를 공간이라면 밖에서 지친 상태로 들어갔을 때
편안하고 기분 좋은 공간이길 바라는 거죠.
문밖을 나서면 모든 공간을 불특정 다수와 공유하게 되는데
집만큼은 모르는 사람들과 공유하지 않아도 되는 자신만의 공간이니까요.

그래서 저는 필리핀에 2개월가량 혼자 머물렀을 때도,
친언니의 숙소에 몇 개월 얹혀 지낼 때도,
학교 앞 고시원에 살 때도,
처음 자취를 시작했던 공덕동 자취방에서도
상황에 따라 들인 비용이나 스케일의 차이는 있지만
제 스타일대로 공간에 약간씩 변화를 주고 꾸미면서 살았습니다.

이건 제 삶의 방식이 더 낫다는 것도 혹은 다들 그래야 한다는 것도 아닙니다.
제 성향이고 취미인 거죠.
전 공간이 마음에 들어야 정서적으로 안정을 유지할 수 있는 타입의 사람입니다.
제 친구는 약간 정신병이 있는 것 같다고도 하더군요.
쇼핑을 해서 예쁜 옷을 입으면 마음이 편안하고 기분이 좋은 사람도 있고,

어떤 사람은 얼마가 되었든 구애받지 않고
제대로 갖춰진 곳에서 좋은 음식을 먹는 걸 즐기기도 합니다.
또 시간과 돈의 여유가 생기면 여행을 떠나는 사람들도 있어요.
혹은 스포츠를 즐기는 사람도 있고
관심이 가는 물건을 모으는 데 돈을 아끼지 않는 사람들도 있죠.
사람마다 '남들은 이해 못 하지만 나는 이 일을 하면 즐겁다' 하는 게
한두 가지씩은 있잖아요. 저는 그게 집 꾸미는 것일 뿐입니다.

그리고 제가 다음에 다른 집으로 이사를 갈 때
이것들을 다 두고 가야 하더라도 낭비했다거나 아깝다는 생각은 안 듭니다.
여기 머무르는 2년 동안 제가 충분히 즐거웠고, 편안했고
더군다나 이 옥탑방 같은 경우는
집 꾸미면서 진짜 예상치 못했던 재밌는 경험과 기회를 많이 안겨줬거든요.
지금 제가 이 책을 쓰고 있는 것만 봐도 그렇습니다.
단지 저는 제 집을 꾸몄을 뿐인데 그 과정과 파생되는 결과들이
제 인생의 스토리를 엄청 풍부하게 해주고 있어요.

물론 웬만한 가구들은 이사를 가더라도 다 챙겨갈 수 있도록
탈착이 가능하고 움직이기 편하게 만들기 위해 고민하고 구상하는 데
많은 시간을 보내기도 합니다.
그래서 결론은 이 집은 남의 집이 아니라 현재는 제 집이고,
시간과 돈을 들여 집을 꾸미는 일은
살면서 더 행복하고 더 유쾌해지기 위해서 갖는 취미인 거지
낭비는 아니라는 겁니다. 적어도 제 관점에서는요.

저는 앞으로도 계속, 어딜 가든 이럴 거예요.
물론 수백 수천만 원씩 들여서 꾸미고 두고 나가는 건
저도 아깝다고 생각해요. 당연히!

하지만 적정선에서,
제가 후회하지 않을 선에서,

어떤 공간이 되었든
저와 닮은 공간으로 변화 주는 걸
즐기면서 살아갈 예정입니다.
쭈~~~~~욱!

옥탑방 셀프 인테리어에 사용한 도구들

처음 셀프 인테리어를 시작할 때는 작은 도구 하나 구입하기도 망설였습니다.
다음에 또 쓰지 않을 것 같아서였죠.
하지만 셀프 인테리어의 매력에 빠지면서 공구를 하나둘 사 모으는 일은
예쁜 색상의 립스틱을 모으는 것보다 즐거워졌습니다.
물론 아직도 공구를 다루거나 DIY 가구를 만드는 것에 있어서는 아마추어고,
혼자 사는 작은 집에 너무 많은 공구를 들이는 건
보관하거나 이사할 때도 문제가 발생할 수 있으므로 참고 참았습니다.
그렇게 참다가도 종종 정말 갖고 싶은 공구가 있으면
특별한 날, 열심히 살고 있는 스스로를 칭찬하고 싶은 날,
저 자신에게 선물하듯 하나씩 사 모으는 중입니다.

제가 사용하는 공구들은 기본적인 것들이라
제대로 가구를 제작하는 분들께는 부족할 수도 있을 거예요.
하지만 이 정도 도구만 있어도 저처럼 야매 셀프 인테리어인에게는 충분합니다.
공구라는 게 일반 가정집에서는 자주 쓰는 것도 아니고,
또 직소기 같은 경우 쓸 일이 없는 집이 더 많기 때문에
기본만 갖춰놓고 정말 필요할 때 하나씩 추가로 구입하시길 추천합니다.

"이것만 있으면 웬만한 건 다 직접 만들 수 있다!"
제가 애용하는 도구들을 소개합니다.

기본 중의 기본!
셀프 인테리어에 자주 쓰이는 도구들

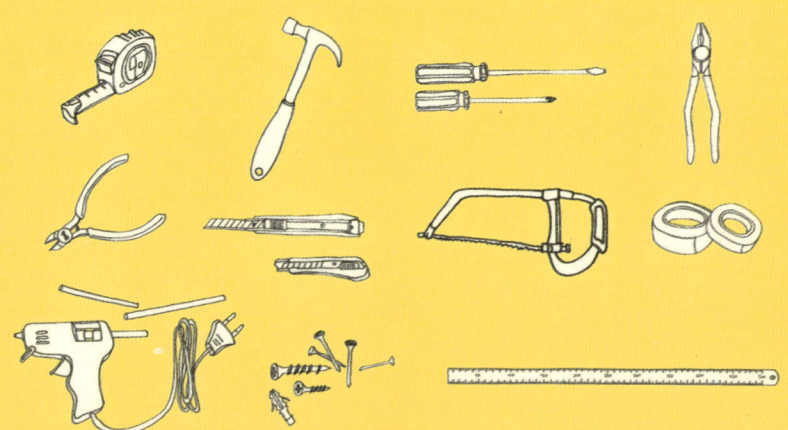

줄자 셀프 인테리어를 한다면 기본 중의 기본! 특히 저처럼 가구 배치 바꾸는 걸 즐기는 사람은 공간과 가구의 치수를 정확히 파악해야 하므로 항상 주머니에 넣고 다녀야 할 정도로 중요한 도구예요.

장도리 못을 박고 빼는 용도지만, 가장 많이 사용되는 건 칼블록을 톡톡 두드려줄 때!

드라이버 주로 드릴을 사용하지만 얇은 목재에 나사를 조일 때 간단하게 쓰기엔 드라이버가 편하죠.

펜치 나무에 박힌 타카를 뽑을 때, 손가락으로 잡기 어려운 작은 못을 집어 망치로 두드릴 때 꼭 필요한 건 아니지만 없으면 더없이 아쉬운 도구예요.

니퍼 조명을 달거나 기타 전기 작업 시에 전선 피복을 벗기거나 자를 때 필요해요.

커터칼 시트지, 벽지 자르기부터 작업 전반에 필요한 필수 아이템.

톱 직소기가 있지만 각재를 자르거나 약간의 커팅 작업을 할 때에는 톱을 이용하는 게 더 효율적이에요.

절연 테이프 전기 작업 시에 없으면 안 되는 도구죠.

글루건 글루(합성수지)를 이용해 간단히 물건을 부착할 때 사용해요. 열에 의해 빨리 녹고 빨리 굳어 부착이 쉽지만 지속력이나 강도는 그리 높지 않아, 천천히 굳지만 완전히 굳으면 매우 단단하게 접착되는 실리콘과 같이 사용하면 단점을 서로 보완할 수 있어요.

다양한 용도, 크기의 못과 칼블록 다양한 종류의 못을 많이 가지고 있으면 부자가 된 느낌! 목재나 철판용 등 용도와 두께, 길이에 따라 수많은 종류의 못이 있죠. 칼블록은 부서지는 성질의 벽돌, 콘크리트 등에 타공 후 끼워 못을 고정하는 데 사용해요.

스틸자 칼이 파고들 염려가 없는 자. 저는 50cm 짜리를 사용하고 있어요.

가장 많이 하는 셀프 인테리어 작업!
페인트칠에 필요한 도구들

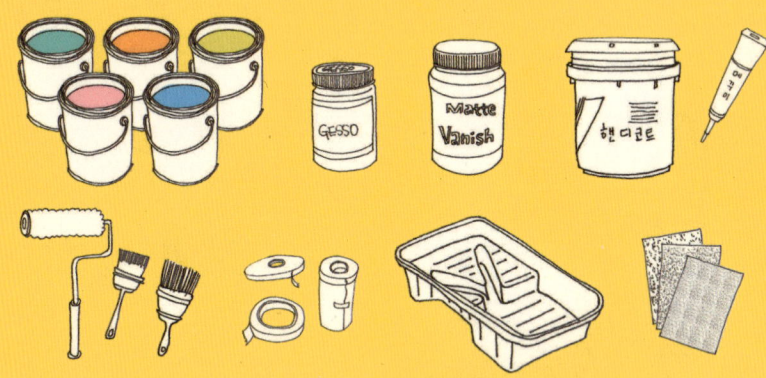

수성 페인트 작은 방에서 이루어지는 인테리어다 보니 유성 페인트는 쓸 일이 거의 없어요. 요즘 워낙 냄새 없는 친환경 수성 페인트가 많이 나오니 원하는 제품을 골라 쓰세요.

젯소 페인트를 칠하기 전 접착력을 높여주고 원래 가구의 색이나 무늬를 가려주는 역할을 해요. 또 페인트가 균일하게 분포되도록 하여 발색력을 높입니다.

바니시 투명 코팅 마감재로 목재의 고유 질감을 살려주고 외부로부터의 수분 침투를 차단하여 오염과 습기로부터 보호해줘요. 무광, 반광, 유광 제품으로 나뉘어져 있어 원하는 광택의 정도에 따라 선택하여 사용할 수 있어요.

퍼티 구멍을 메우거나 가구의 바깥 면을 보수할 때 사용하는 고형 보수재. 실내에 많이 쓰는 핸디코트가 있고, 외부용으로 사용하는 아크릴릭 필러가 있는데, 핸디코트는 잘 발리고 작업 후 샌딩이 쉬워요. 아크릴릭 필러는 접착력이 더 우수한 반면 면을 갈아내고 수정하기가 어렵죠.

브러시, 롤러, 스펀지 롤러 브러시와 롤러를 가장 많이 쓰는데 브러시는 아무리 곱게 칠해도 자국이 남기 쉽습니다. 가구 페인팅의 경우 스펀지 롤러를 사용하면 균일하고 깔끔하게 마감할 수 있어요.

마스킹 테이프 페인트 작업의 필수 아이템. 페인트 작업 시에 다른 곳으로 페인트가 묻지 않도록 마스킹 테이프를 발라줘야 해요. 페인트칠은 보양 작업만 꼼꼼히 해도 70%는 성공!

페인트 트레이 미술시간 팔레트와 같은 역할을 합니다. 페인트 트레이를 쓸 때마다 비닐 팩을 씌워 사용하면 사용 후 비닐만 벗겨내면 되므로 따로 세척하는 수고를 덜 수 있어요.

사포 사포는 제품에 표시된 숫자가 낮을수록 입자가 굵고 거칠어요. 또 크게 천 사포와 종이 사포로 나뉘는데, 천 사포가 더 두께감 있고 잘 찢어지지 않아요. 거친 면을 정리할 때는 80~180방을 사용하고, 무난하게는 180~220방, 붓 자국을 없애고 페인트 면을 정리할 때는 300~500방 정도를 사용하면 적당합니다.

없어도 되지만 있다면 무적의 아이템!
전문적인 공구들

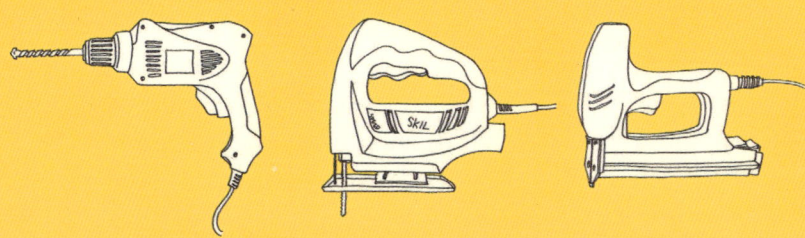

전기 해머 드릴(Global21) 5년 전쯤 중고로 4만 원에 구입한 유선 해머 드릴. 브랜드도 처음 보는 거고 지금 검색해봐도 나오지 않네요. 저렴하게 구입하여 꽤 오랜 기간 저의 핸드메이드 가구를 만드는 데 가장 많이 사용된 공구예요.

직소기(스킬4170) 목재를 곡선으로 자를 수 있는 전기톱. 직선으로 자르는 것도 가능은 하지만 어느 정도 연습이 필요해요. 절단면이 원형 톱만큼 깔끔하지 않다는 단점은 있으나 테이블 톱이나 원형 톱을 들여놓기 힘든 가정집에서는 매우 유용합니다.

전기 타카(에이플러스 EF1835) 나무와 나무를 접합할 때 나사못으로 고정하는 것보다 덜 단단하지만 훨씬 쉽게 작업할 수 있는 공구입니다. 보통의 에어 타카는 콤프레셔에 연결을 해서 이용하기 때문에 가정용으로는 다소 부담스러워요. 에어 타카에 비해 힘도 훨씬 약하고 빠르게 작업을 할 수도 없지만 휴대성이 높아 어디든 쉽게 들고 이동하여 사용할 수 있다는 장점이 있습니다.

실제로 친구 집을 꾸며주거나 다양한 경로를 통해
인테리어 의뢰가 들어올 때 이 세 가지 공구는 캐리어에 담아 끌고 갑니다.
그 정도로 셀프 인테리어에 너무나 유용한 공구입니다.
저는 단지 셀프 인테리어를 사랑하는 평범한 여성이지만,
이 도구들만 있다면 제법 전문가 포스를 풍기기도 하죠.

02

옥탑방과의
운명 같은 만남

ROOM
이렇게 아늑한 나만의 공간이라면

하얗기만 하던 옥탑방에 하나둘 물건이 늘어갑니다.
그렇게 이 공간에 사는 사람인 저의 색깔이 묻어나고
몇 번의 가구 배치 변화와 삶의 흔적이 쌓여 그 색깔은 더 짙어집니다.

3.6m×4m인 이 방은 빌트인 옵션 가구에 몸만 뉘이면 꽉 차는
원룸에 사는 어떤 자취생의 눈엔 커 보일 수도,
또 넓은 아파트나 오피스텔에 익숙해진 누군가의 눈엔
굉장히 작아 보일 수도 있습니다.

제 방에 필수로 들어가야 하는 가구는
화장대, 책상, 책장, 행거 및 옷 수납장, 침대, TV 정도입니다.
크게 이 가구들의 위치를 잡고 나머지 작은 가구들을
남은 공간에 적절히 배치해주면 됩니다.
이 가구들이 다 들어가고도 제가 누워서 뒹굴 수 있는 공간만 있으면
저는 만족합니다.
제 방은 그러기에 충분한 크기입니다.

방에 있는 물건들이 두세 달 간격으로 여러 번 자리를 옮길 동안
뿌리 깊은 나무처럼 자리 잡고 움직이지 않는 게 딱 하나 있습니다.
바로 현관문이 위치한 벽에 설치된 찬넬 선반입니다.
찬넬 선반을 고정하기 위해서는
아무래도 벽 여러 곳에 구멍을 여러 개 뚫어야 하는데요.
그렇게 되면 쉽게 자리를 옮기지 못하므로 설치할 때부터

가장 효과적인 위치를 고심하고 또 고심한 끝에 고정했습니다.
물리적인 제한에 의해 찬넬 선반의 위치는 변함없지만
그 용도는 계속 변화하고 있습니다.
행거, 책장, 화장대, 선반 등 각각의 아이템들이
필요에 의해 다양한 역할을 수행한다는 게 제 방과 가구들의 특징입니다.

오히려 평범한 가구들로 다양한 가구 배치를 열세 번이나 시도했으니
제겐 과분하리만치 큰 방일 수도 있겠네요.
가끔 3일 만에 3kg이 빠지게 만들었던 날것의 옥탑방을 되돌아보면
그저 감사해지고 뿌듯하기만 합니다.

Before

오후 2시경, 이 집에 처음 발을 들인 시간. 세월을 담아 누렇게 변해버린
형광등을 켜지 않아도 빛이 쏟아져 들어오는 창문이 매력적이었다.

건물에서 해가 가장 먼저 닿는 옥탑방. 오전 11시에서 오후 2시 사이에는 창문으로 빛이 쏟아지며 커튼을 통과해 방안을 노랗게 물들인다. 어쩌면 누추할 수 있는 옥탑방이 따뜻+포근+아련해 보이는 마법 같은 시간.

KITCHEN
이렇게 실용적인 나만의 공간이라면

벽돌로 지어진 저의 아늑한 방 옆에
샌드위치 패널로 지어져 살포시 기대어 있는 공간, 주방.
대부분의 옥탑방이 그러하듯
제 옥탑방도 어디 하나 변변한 구석은 없었습니다.
그런 공간을 쓸 만한 공간으로 활용하기 위해서는
다양한 아이디어가 필요합니다.

2.8m×1.7m의 일자로 된 이 주방은
싱크대 밑 공간을 제외하고는 수납할 수 있는 데라곤 없었습니다.
그나마 있던 싱크대 문짝도 제대로 닫히지 않는 상태였습니다.
하지만 어려운 도전일수록 전투력이 상승하는 덕분인지
수납이 제로라는 명확한 단점을 극복하기 위해 고민하면서
이 주방에 재미있는 아이디어들을 담아가기 시작했습니다.

못 하나 고정할 곳 없던 이 공간에 수납을 위한 찬넬 선반을 설치하고,
한때 가방을 걸던 철망을 세워 냄비를 걸고,
좁은 공간에 딱 맞는 가스레인지 하부장을 만들어 가스레인지 설치뿐 아니라
전자레인지와 밥솥, 갖가지 식재료까지 수납할 수 있도록 만들었습니다.

거기에 슬라이딩 테이블을 짜 넣었죠.
혼자 간단히 밥을 먹을 땐 일인용 식탁으로,
요리를 할 땐 조리대로 변신하도록 말입니다.

Before

'Oh, My God! 분명 내가 본 주방은 이런 모습이 아니었던 것 같은데...' 계약 후 집을 점검하기 위해 다시 찾았을 때 든 생각이다. 이미 엎질러진 물이었기에, 정신을 차리고 이 난처한 공간을 어떻게 쓸 만하게 바꿀지 생각해내야만 했다.

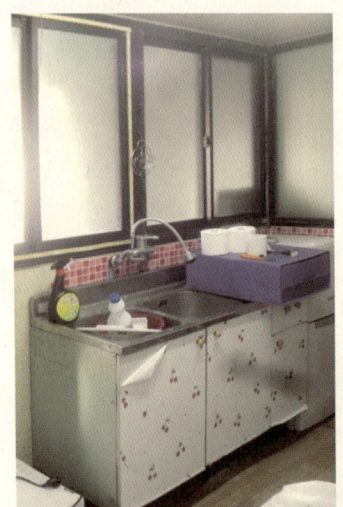

최대 미션은 수납력 만점 주방 만들기. 나름 다양한 컬러의 조합으로 꾸며졌지만 내 취향과 맞지 않기에 우선 철거 작업을 했다. 타일 모양 테이프 벽지와 싱크대 시트지 등 어느 집, 어느 공간이든 기존의 흔적을 없애는 것이 셀프 인테리어의 시작 아닐까?

수납, 수납, 그리고 수납! 부엌엔 다른 공간에 비해 사용할 가전도 많고, 식기부터 조리 도구까지 많은 물건을 수납해야 한다. 하지만 쓰러져가는 싱크대 하부장을 제외하면 수납공간이라곤 전혀 없고, 가구가 추가로 들어갈 공간도 없는 이곳에는 '예쁜' 인테리어보다 '실용적인' 인테리어가 필요했다.

BATHROOM
이렇게 비밀스런 나만의 공간이라면_

월세가 저렴하고 조금은 오래된 집을 구하다 보니
쾌적한 화장실을 기대하기는 힘든 게 현실입니다.
특히나 옥탑방을 구하려고 한다면, 오래되어 누렇게 변한
세면대가 있는 화장실을 기대하는 것조차도 어쩌면 사치일 겁니다.
그나마도 제대로 된 벽돌이나 시멘트로 마감된 벽이면 다행이겠지만,
제 옥탑방은 샌드위치 패널로 만들어진, 정말 난감한 곳이었습니다.
사실 욕실의 경우 계속해서 물이 닿는 곳이기 때문에 방수가 정말 중요하고,
혼자서는 수전(수도꼭지)이나 도기류(세면기, 양변기, 욕조 등)를
다루기도 버거울 뿐더러 다른 공간을 꾸미고 정리하는 것에 비해
몇 배의 정보와 노력이 필요합니다.
욕실 셀프 인테리어를 위한 페인트도 시중에 나와 있고
실제로 깐깐한 타일 작업, 도기 교체까지 직접 하는 사람도 많지만
재료 자체가 특수하기 때문에 비용도 만만치 않죠.
그래서 저는 화장실만은 현실과 타협하여 포기하고
정리만 하고 살기로 결심했습니다.
그렇게 3년이 넘게 흘렀고 그 사이에 화장실의 상태는 점차 나빠지더군요.
이사 초기에 주인 할머니 댁 아저씨께서 바닥 타일 위까지 대충 발라놓으신
까끌까끌한 방수 페인트는 벗겨지기 시작했고
벽면은 곰팡이에게 완전히 점령당했습니다.

화장실에 들어갈 때마다 곰팡이균을 흡입하고 나오는 기분이었어요.
결국 결단을 내렸습니다.
3년 넘게 미뤄온 화장실 리모델링을 감행하기로.
1.5m×1.3m의 작디작은 공간이지만
역시 화장실 셀프 인테리어는 쉽지 않더군요.
막상 한번 하고 나니 다음은 쉬울 것 같긴 하지만
시작하기 전엔 며칠간 인터넷을 검색하고 셀프 인테리어 책을 보고
동네 타일 가게나 방수 전문 페인트 가게를 방문해 사장님을 귀찮게 했습니다.
그럼에도 불구하고 시행착오도 많았고,
워낙 물이 계속 닿는 공간이라 끝나고 난 지금,
아직까지는 끄떡없어 보이긴 하나
'이 상태가 얼마나 잘 유지될까' 하는 걱정도 됩니다.

Before

뒷벽이 막힌 유리 샤시, 아무 쓸모없는 공간의 한 면을 아주 쓸모 있게 만들어보기로 했다.

이 화장실을 정리할 때 중요하게 생각한 부분 역시 '수납'이었습니다.
샤워기가 부착될 좁은 면과 문으로 들어서서 좌측의 벽돌로 이루어진 벽을
제외하고는 두 면 모두 하단은 샌드위치 패널, 상단은 오래된 금속 프레임의
샤시와 유리로 이루어져 있었습니다.
창문 쪽은 그대로 유지한다 쳐도 입구 정면의 유리는 오픈 가능한 구조가 아니고,
바로 뒤는 또 다른 샌드위치 패널로 막혀 있고, 심지어 유리에 금이 가 있었습니다.
그래서 이 공간을 합판으로 막고 외부용 퍼티(아크릴릭 필러)로 충분히 마감한 후
외부용 페인트로 마감했습니다.

합판으로 유리를 막으니 합판 위에 선반이나 메시망 등
욕실에 필요한 물건들을 올려놓을 수납 도구들을 걸기 편리해졌습니다.
거기에 세면대를 설치하기엔 금전적으로도,
공간의 크기 때문에라도 제약이 있으므로 일찌감치 포기하고
세면대의 아쉬움을 달래줄 **해바라기 샤워기**를 설치했습니다.
인터넷에서 3만 원대에 구입한 알뜰 쇼핑이었죠.

이렇게 곰팡이균에 감염될 것만 같았던 화장실은 없어지고,
매일매일 샤워하고 싶은 공간이 탄생했습니다.

욕실 작업

벽, 천장 : 습기에 강한 외부용 페인트 작업
창의 기능이 없는 샤시 : 합판으로 보강 후 외부용 퍼티 & 페인팅 작업
바닥 : 모자이크 타일 작업
기타 : 선반, 거울, 메시망 부착 및 해바라기 샤워기 교체

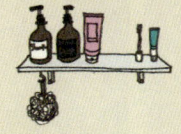

Before

드나들 때마다 사람을 닮은 공간 = 공간을 닮은 사람이라는 블로그 타이틀을 당장이라도 내리고
싶게 만들었던, 사진 공개조차 망설여지는 예전의 욕실.

이 옥탑방의 최대 장점은 온 집안 구석구석 빛이 안 드는 곳이 없다는 것이다. 욕실도 다르지 않다. 낮에는 불을 켜지 않아도 충분히 쏟아지는 햇빛 덕분에 고심해서 고른 페인트 색상이 훨씬 더 예뻐 보인다. 커다란 창문으로 들어오는 바람 덕분에 환풍기가 없음에도 샤워 후 가득 찬 습기를 배출하기에도 좋다.

셀프 인테리어 그 이상의 가치를 느낀 욕실 리모델링. 어쩔 수 없이 사용했지만 들어가기도 싫은 공간이었고, 손님이 화장실이 어디냐고 물으면 부끄러웠다. 작업 중에는 괜히 일을 벌였나 싶을 정도로 고생했지만, 이제는 매일 아침저녁으로 기분 좋게 샤워할 수 있는 쾌적한 욕실로 변했다. 이래서 고생한 만큼 뿌듯함도 더 크게 남는 셀프 인테리어의 매력에서 헤어날 수 없다.

STORAGE
언제 바뀔지 모르는 내 맘, 간직해두세요

셀프 인테리어에 빠진 사람들 대부분이 처음엔 간단한 도구로 시작했다가
점차 욕심이 생겨 하나둘 공구를 사들이기 마련입니다.
저도 처음엔 그냥 붓과 롤러, 드라이버, 작은 톱이 전부였는데
그 다음엔 드라이버로 나사못을 박을 때 들이는 수고를 줄이기 위해
드릴이 갖고 싶어졌고, 드릴로 가구를 직접 만들고 조립하다 보니
목재를 조금 더 편하게 자를 수 있는 직소기가 갖고 싶어졌고
직소기까지 구입해 본격적으로 가구를 만들다보니
가구를 조금 더 편리하게 만들도록 도와주는 전기 타카까지…

문득 떠올려보니 다른 20대 중반의 여자들이 화장품을 살 때
저는 인테리어용 공구를 하나둘 사들이고 있었습니다.
내가 쓸 가구를 정확한 용도로, 딱 맞는 크기로 만들어 쓸 때의 희열을 알고나니
어느새 중독되어버린 듯합니다.
심지어 제 옥탑방은 이런 셀프 인테리어 관련 작업을
방에 먼지 날릴 걱정 없이 자유롭게 할 수 있는
넓은 옥탑 작업장까지 갖춰져 있는데, 제가 안 움직일 수 없죠!

그러다보니 다른 자취생의 집엔 없는 물건들이 하나둘 늘어갔고
그런 물건들을 보관할 창고가 필요해졌습니다.
운 좋게도 저의 옥탑방에는 주방과 옥탑을 연결하는 창고가 하나 있습니다.
샌드위치 패널로 지어졌고 바로 옥상과 연결되어
생활에 직접적으로 사용되는 물건을 보관하긴 어렵지만,
세탁기를 한 대 두고 잡동사니를 보관하는 종이상자를 쌓아둔 후에도
제 공구, 각종 셀프 인테리어 재료와 나중에 필요하면 잘라서 쓰려고 모아둔
자투리 나무들을 보관할 공간은 충분합니다.

아마 어느 날 문득 또 '필'이 오는 날엔
이 자투리 나무와 공구들을 가지고 새로운 물건을 만들고 있을 겁니다.
누군가가 보기엔 허름한 창고이겠지만
저에겐 저의 넘치는 욕구를 충족시켜주기에 없어서는 안 될
일종의 보물 상자와 같은 공간인 거죠.

좁지만 나의 옥탑방에 없어서는 안 될 공간입니다.
버릴 수는 없지만 당장 사용하지 않는 물건들을 종이박스에 넣어 보관하기도 하고
가구를 만들다가 남은 자투리 나무를 보관하기도 합니다.
각종 공구가 모여 있는 보물 상자도 있습니다.
그 외에 재활용 쓰레기를 모으고 세탁기를 배치해둘 충분한 공간을 확보했습니다.
만약 창고가 없었다면 주방 한쪽에 세탁기가 커다랗게 자리를 차지했을 것이고,
이 많은 물건들을 어디에 두었을지 상상이 안 됩니다.

창고에서도 깨알 같은 틈새 수납은 이어집니다.
세탁기 하부에 약간의 틈이 있는데 각종 페인트와 물감 등을 보관합니다.
길에 버려진 수납장에서 빼내어 들고 온 서랍 하나가
이 틈새에 어쩜 이리도 딱 맞는지!

ROOFTOP
옥탑 라이프 최고의 자랑

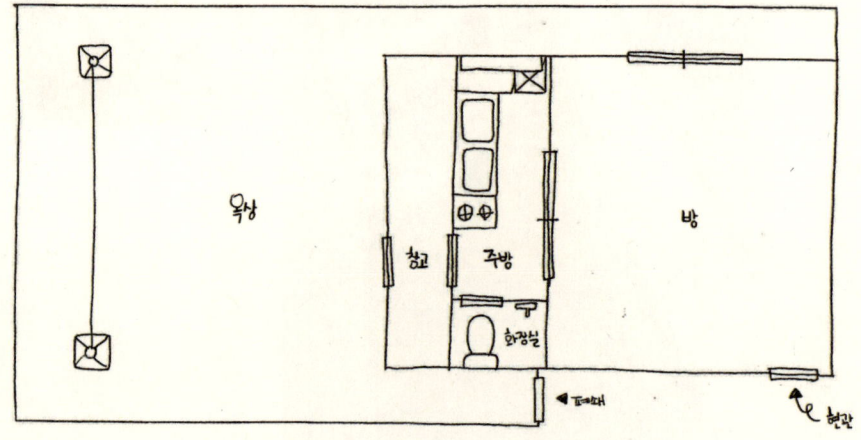

총 9개 가구가 살고 있는 다세대 주택의 맨 위층 옥탑방 평면입니다.
방, 주방, 화장실, 창고를 모두 합한 크기보다 큰 옥상이 있는
아주 좋은 조건의 옥탑방이죠.

제가 옥탑방이라는 로망을 품었을 때 '방'은 어찌 보면 부수적인 요소이고,
중요한 건 단연코 '옥탑'이었습니다.
저의 옥탑 삼면은 허리가 조금 넘는 높이의 난간으로 막혀 있고

한 면에는 앞서 말한 소중한 창고가 위치해 있습니다.
거기에 집과 바로 연결되는 문이 있습니다.
옥상을 지나야만 방에 들어갈 수 있는 대부분의 옥탑방과는 다르게
1층의 내부 계단을 통해 4층 현관으로 올라올 수 있고
현관문을 열면 바로 방으로 들어가는 구조입니다.

계단에서 옥상으로 바로 연결된 문은 폐쇄되어 있고,
사용 가능하다 하더라도 위험한 사다리를 이용해야 하기 때문에,
사실상 방과 옥상을 출입할 수 있는 통로는 현관뿐입니다.
옥상에 다른 사람이 쉽게 침입할 수 없는 구조인 거죠.
안전에 만전을 기해 찾은, 혼자 살기에 아주 적절한 형태입니다.
안전하다는 중요한 사실 외에도 자랑하고 싶은 수많은 장점이 있습니다.

서울 하늘 아래 나 혼자 누릴 수 있는
나만의 야외 공간이 있다는 것.

그 공간에서 빨래를 팡팡 털어 말리든, 파티를 열든,
드러누워 캠핑을 하든, 누구 하나 뭐라 할 사람이 없습니다.
추운 겨울날은 피해야겠지만 포근한 봄이 오면, 옥탑 라이프는 피크입니다.
처음 옥탑의 로망을 실현할 때는 이 공간이 너무 좋아서
일주일에 두세 번씩 친구들을 불러 모아 파티를 열었습니다.
파티라고 하니 뭔가 거창해 보이지만
그저 초대한 친구들이 먹을 것을 하나씩 사 오고,
저는 창고에서 테이블과 의자만 꺼내서 세팅해주면 되는 겁니다.
거기에 귀여운 가랜더와 크리스마스 전구 하나 빨랫줄에 걸어주면
여느 호텔에서 벌어지는 파티 부럽지 않습니다.
센스 넘치는 친구가 달콤한 와인 한 병까지 사 온다면
작은 옥탑이 지상 낙원으로 변하는 건 시간 문제겠죠.

특히 밤에 열리는 파티는 더 로맨틱합니다.
조명빨이 중요한 건 셀카 찍을 때뿐만이 아니라 옥탑 파티에도 적용됩니다.
무심하게 걸쳐준 크리스마스 전구와 방에서 가지고 나온 스탠드 하나로
너무 예쁜 공간이 만들어지곤 합니다.

또 어떤 때에는 빨랫줄에 조명이 아닌 흰색 이불을 걸치고
프로젝터를 쏘아 영화를 보기도 합니다.
바닥에 카펫을 깔고 이불과 쿠션을 들고 나가 옥상에 누워서 보는 영화 한 편.
이건 정말 꿈에 그리던 로망입니다.

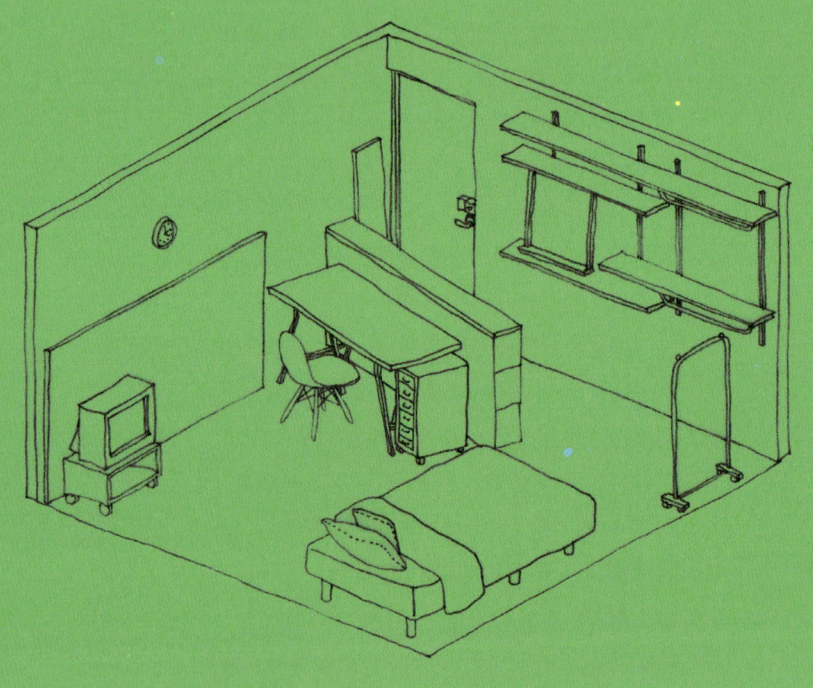

03

7평 남짓 옥탑방의
화려한 변신

같은 공간도 활용하기 나름

이제 와서 고백하건대,
이 책은 서점에 가면 볼 수 있는 여느 인테리어 도서에 비해
다양한 공간을 보여주지는 않을 겁니다.
뜬금없이 웬 고백이냐고요?
대부분의 인테리어 도서는
하나의 주제를 잡고 여러 사람들이 꾸민 다양한 스타일의 집을 보여주거나,
혹은 원룸이 아닌 좀 더 볼거리가 있는
20~30평대 집 꾸미는 과정을 담고 있는 반면,
이 책은 제가 살고 있는 일곱 평가량의 옥탑방을 소개하다보니
보여줄 수 있는 공간에 한계가 있을 수밖에 없습니다.

저뿐만이 아니라 자취하는 많은 젊은이들이
투룸, 쓰리룸에서 출발하지 못합니다.
채 열 평도 안 되는 작은 평수의 원룸에서
더 크고 좋은 집을 꿈꾸며 살아가는 사람들이 훨씬 많죠.

저도 그런 사람 중 한 명으로서
작은 공간일지라도 아이디어를 조금만 더하면 얼마나 많은 변화를 줄 수 있고,
또 얼마나 효율적으로 공간을 쓸 수 있는지에 대해 이야기하고자 합니다.

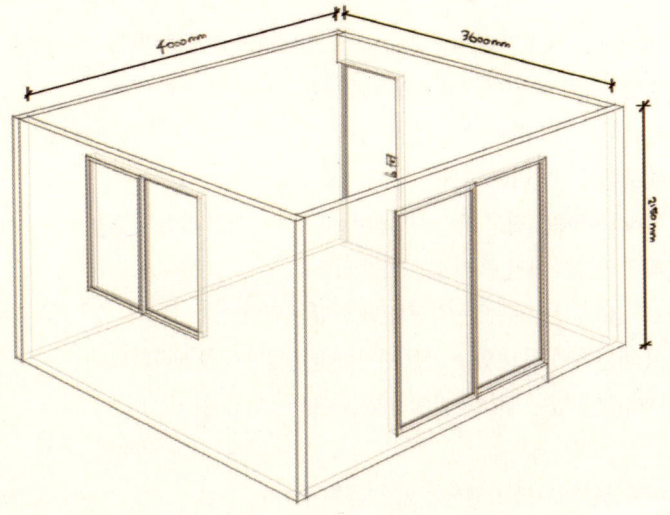

주어진 공간은
4m×3.6m×2.15m의
직육면체 하나.

물론 주방, 화장실, 창고, 그리고 옥상이라는 공간이 있기는 하지만
싱크대, 가스레인지, 냉장고 이 세 가지 필수품이 들어가면
이미 꽉 차서 이동이 불가능한 주방과
가구 변화가 의미 없는 화장실, 창고, 옥상을 제외하면
원룸에 사는 다른 자취생들과 마찬가지로
제 생활의 대부분은 하나의 방 안에서 이루어지게 됩니다.

보통 계약에 따라 1~2년 주기로 이사를 다녀야 하지만
공간의 변화를 통해 심신의 안정과 생활의 신선함을 찾는 저로서는
이 작은 직육면체의 공간이 무료하게 느껴졌습니다.
그렇다고 옷을 갈아입듯 매번 가구를 새로 사서 방에 변화를 주기엔
금전적인 문제에 직면하게 됩니다.

그렇다면 할 수 있는 건,
가지고 있는 가구를 최대한 활용하여 다양한 변화를 시도해보는 것이죠.
문득 새로운 모습의 방에 대한 아이디어가 떠오를 때,
현재의 배치에 익숙해져 조금 지루하다 느껴질 때,
지금의 동선에서 어떤 불편함이 느껴질 때마다 가구 배치를 바꿨습니다.
그러다 보니 약 2년 반이라는 시간 동안 열세 번의 가구 배치를 시도했더군요.
겨우 14.4㎡, 약 4.4평의 작은 공간에서 말이죠.

가구 배치,
힘쓰기 전 시뮬레이션해보기

방을 꾸밀지 있는 그대로 살아갈지의 여부와 상관없이
이사를 가면 필수로 해야 할 일은
가구 배치입니다.
제가 가장 좋아하는 과정이기도 하죠.

똑같은 가구를 가지고도 배치를 어떻게 하느냐에 따라 삶의 동선이 달라집니다.
또 같은 공간임에도 더 크게 느껴지기도, 더 작게 느껴지기도 합니다.
가구를 어떻게 놓을지 머리로 대충 구상한 후에
역시 직접 옮겨보는 게 가장 확실한 방법이겠지만,
혹시 그랬다가 생각보다 큰 가구 탓에 문을 닫지 못하거나
보기 싫게 튀어나와 지나갈 때마다 부딪히는 상황이 발생하기도 하고,
힘들게 옮긴 가구 사이즈가 맞지 않아
다시 아까운 힘을 써야 하는 불상사가 발생할 확률이 높습니다.
가구를 옮기기 전,
평면으로든 입체로든 배치도를 그려보시길 추천합니다.

별 필요 없는 과정이라 생각되어 귀찮게 느껴질 수도 있지만,
생활 패턴을 생각하면서 끄적끄적 그려나가다보면
더 좋은 인테리어 아이디어가 떠오르기도 하고
쓸데없이 힘을 쓰는 일을 줄일 수 있을 거예요.
물론 상황이나 필요에 따라 가구를 이리저리 옮겨보는 일은
저에겐 굉장히 재미있는 일이긴 하지만
살면서 많이 하게 될 일이니 가능한 효율적인 게 좋겠죠.
배치도 그리는 방법은 사람마다 다르고 각자 익숙하고 편한 방법이 있겠지만,
저는 두 가지 방법을 사용합니다.

아날로그 감성으로 평면 배치도 그리기

 동네 문방구에서 구입한 종이, 펜, 연필, 지우개, 자, 모눈종이, 트레이싱지(미농지)

종이 위에 먼저 펜으로 평면과 전체 치수를 그려놓고
연필로 배치할 가구를 적당히 그렸다 지웠다 하면서 위치를 잡아봅니다.
이 방법으로 대략적인 가구의 위치는 잡을 수 있지만,
정확한 치수를 맞출 수는 없습니다.
만약 이 과정으로 대략적 위치만 잡는다면
가구 배치 전 시행착오를 줄이는 목적으로 배치도를 그려보는 의미가 퇴색되겠지요.

조금 더 정확히 하기 위해
가지고 있거나 구입할 가구의 가로, 세로 사이즈를 모두 표기해두고
모눈종이 위에 사이즈에 맞춰 그려보는 것도 좋은 방법입니다.

다양한 배치도를 그려 비교해보고 싶을 때는
연필로 그렸다 지웠다 하는 것보다 **트레이싱지**를 활용하는 것이 좋습니다.
반투명의 트레이싱지는 아래 종이가 그대로 비치기 때문에
평면은 그대로 둔 채 내부의 가구만 다양하게 배치하며
더 편안하게 머릿속에 있는 아이디어를 비교해볼 수 있습니다.

또 다른 방법은, 마찬가지로 펜으로 그린 평면도를 두고
비율에 맞게 **종이나 지우개를 잘라** 이리저리 옮기며 배치해보는 것입니다.
같은 것을 여러 번 그리지 않아도 된다는 장점이 있고,
마치 어린 시절 블록이나 퍼즐놀이를 하던 기분을 느낄 수 있습니다.

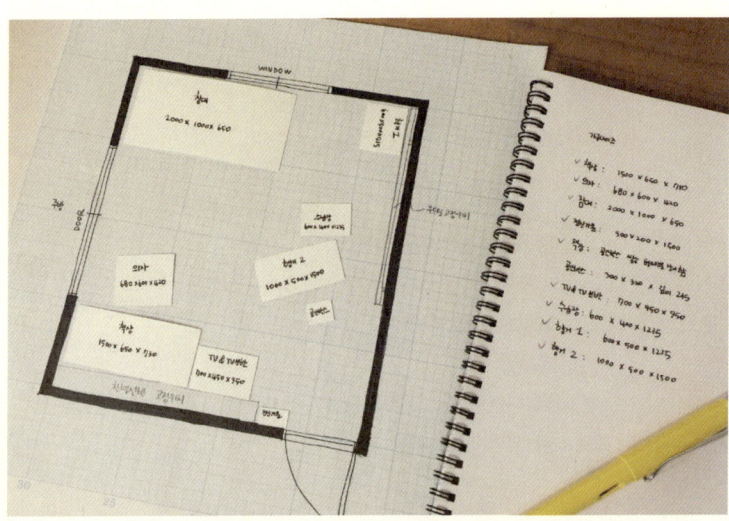

모눈종이 위에 구상을 하면 좀 더 정확한 배치를 할 수 있다.

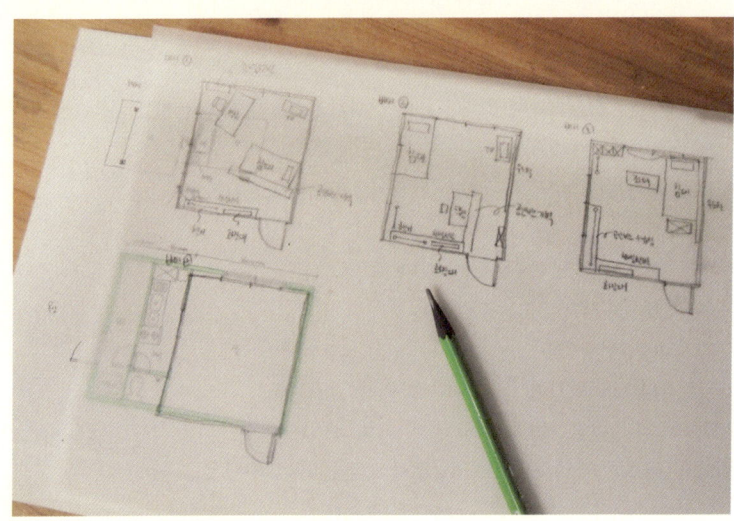

더 많은 배치도를 구상해보고 싶다면 트레싱지에 도면을 그려본다.

프로페셔널하게 평면 배치도 그리기

 3D프로그램(sketch-up)이 깔린 컴퓨터

집을 꾸밀 때 가구 배치는 한번 해놓고 움직이지 않은 채
액자를 걸고 페인트칠을 하고 예쁜 소품을 놓는 것에 초점을 맞추는 분들은
평면으로 간단히 배치도를 그려보는 정도면 충분할 겁니다.

하지만 저처럼 그때그때 상황이나 필요에 의해 가구 배치 바꾸기를 즐기는 분이라면
제가 자주 사용하는 프로그램을 추천하고 싶습니다.

30일은 무료로 사용할 수 있는 3D 프로그램인데,
여느 전문가들이 사용하는 3D프로그램에 비해 인터페이스가 굉장히 단순하고 직관적이라
처음 입문하는 분이라도 한두 시간이면 간단한 기능은 충분히 익힐 수 있을 겁니다.
하루 정도 관심 있게 프로그램을 들여다보면
자세하지는 않더라도 집의 가로, 세로뿐 아니라 높이까지 실제와 같게 모델링하고
가구 역시 입체 사이즈와 동일하게 만든 후에
이리저리 옮기면서 보다 정확한 치수가 반영된 배치를 해볼 수 있습니다.

인테리어 전문가가 아니라면 가구를 뒀을 때 조화로운지
평면만 보고 언뜻 상상하기 어렵습니다.
그때 이 프로그램을 활용한다면
본인의 역량에 따라 아주 간단한 모델링이나 실제 모습과 흡사한,
한마디로 프로페셔널해 보이는 모델링도 가능한 프로그램입니다.
모델링한 후 360도로 방의 모습을 돌려보면서 느낌을 파악할 수도 있습니다.

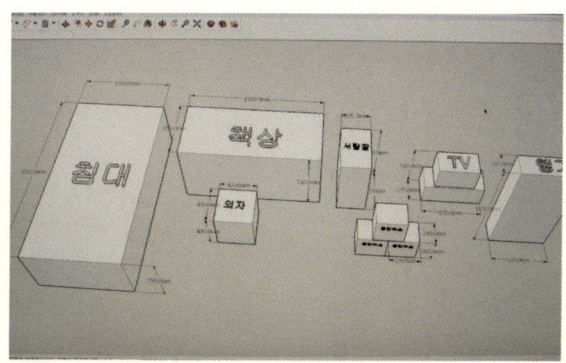

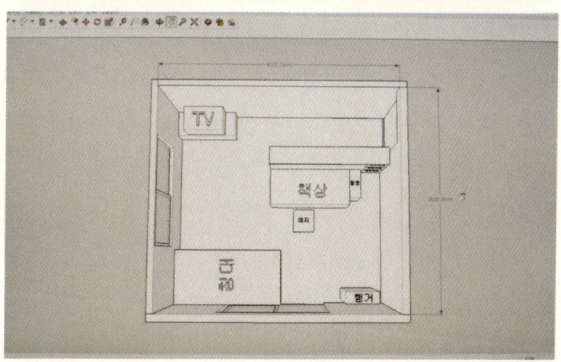

가지고 있는 가구를 한번만 3D 모델로 만들어놓으면 배치를 바꾸거나 이사를 할 때 아주 유용하다. 실제 가구를 놓아보듯 정확하게 파악할 수 있고 머리로 상상이 안 되는 공간의 느낌을 이미지로 구현해볼 수 있다. 마치 인테리어 전문가처럼!

옥탑방은 여전히 변신 중
: 열세 번의 가구 배치

좁은 방에서 가구의 배치가 열세 번이나 바뀐,
그 변화의 이유는 다양합니다.

마음에 들게 방 배치를 바꾸어 지내보니 문득 익숙해지고 단조롭다는 느낌에
즉흥적으로 바꾸는 경우가 가장 많았습니다. 쉽게 말해 질린 거죠.
그런가 하면 재미있는 배치를 시도했지만
살다 보니 동선이 불편해서인 경우도 있고요.
생활 패턴이 바뀌면 불필요한 가구의 크기는 줄이고
필요한 가구는 늘리는 과정에서 변화가 발생하기도 합니다.
이렇게 여러 가지 이유로 옥탑방은
   계속해서
    변신해왔습니다. ➡ ➡ ➡ ➡ ➡ ➡ ➡ ➡

2년 6개월 동안 열세 번 변화를 준 내 방의 모습.

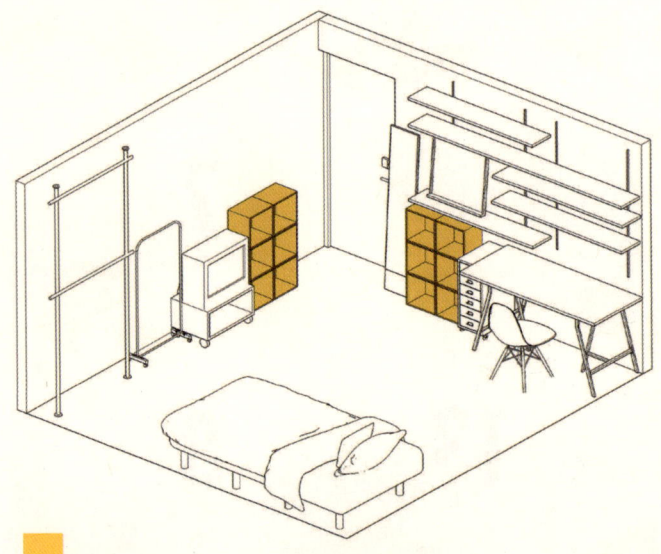

1
옥탑방의 첫 번째 변화

지금 봐도 첫 번째 방 배치는 깔끔합니다.
처음 이사 와서 일단 방의 벽면으로
방에 필요한 가구를 하나하나 밀어 넣은 느낌이에요.
혼자 사는 여자의 방,
필요한 대부분의 가구(침대, 책상, 행거, 화장대 등)를 두고도
가운데에 널찍한 공간이 남아 방을 여유롭게 사용할 수 있었습니다.

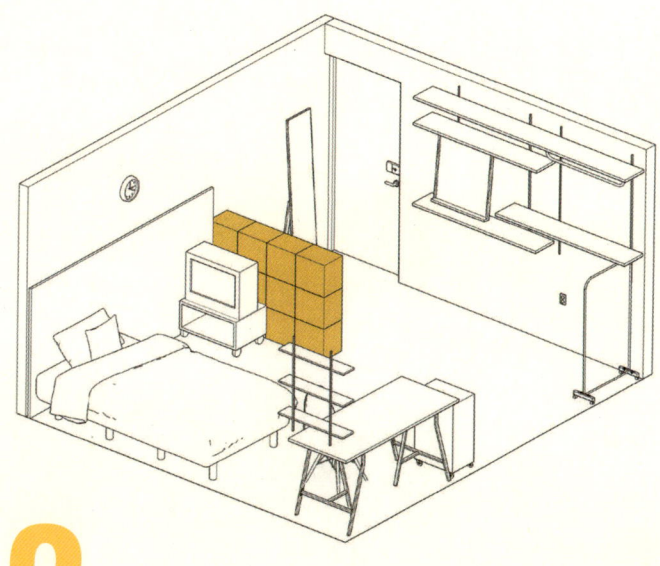

2 옥탑방의 두 번째 변화

두 번째 방은 프라이버시를 고려해 배치했습니다.
현관을 들어서자마자 뻥 뚫린 방 전체가 눈에 들어오는데,
침대 공간은 현관에서 들어섰을 때 시선을 한번 차단해서
아늑한 느낌을 주고 싶었습니다.
또한 자취생들은 대부분 큰 옷장을 구입하긴 부담스러워 행거를 사용합니다.
행거에 많은 옷이 걸려 있는 모습이 현관에 들어서자마자 보인다면
자칫 지저분해 보이겠죠.
그렇기에 현관 쪽 벽에 행거를 설치해
처음 방에 들어섰을 때의 시야에 들어오지 않도록 했습니다.

3
옥탑방의 세 번째 변화

수평 수직으로만 사는 게 지루할 때쯤 한 번씩 사선 배치를 시도합니다.
저는 옥탑방만큼이나 다락방에 대한 로망이 있었습니다.
영화 속 엄청난 모험은 꼭 다락방에서 시작되었던 기억 때문인지,
아니면 사선으로 떨어지는 천장 특유의 매력 때문인지는 잘 모르겠습니다.
어찌 되었던 다락방이라는 공간의 비밀스럽고 아늑한 분위기가 좋았습니다.
직육면체로 딱 떨어지는 사각 구조의 옥탑방에서는
다락방 천장의 사선 느낌을 낼 수 없어, 가구 배치를 활용했습니다.
우선 공간박스를 쌓은 뒤 뒷면을 합판으로 막았습니다.
이렇게 하면 침대 쪽 공간을 더욱 아늑하게 만드는 가벽 역할을 하죠.

책상 좌측 벽에는 찬넬 선반을 달아 책과 기타 사무 도구를 보관했다. 이 찬넬 선반은 옥탑방에서 맞이한 첫 여름에 창고에 있던 에어컨을 설치할 때 방해되어 제거했다.

책상에 앉았을 때 앞에 벽이 보여 답답했다. 시야가 트였으면 좋겠다 싶어 사선으로 가벽을 세웠더니 이번엔 충분한 공간이 확보되지 않았다. 사선(가벽)과 직선(책상) 배치의 충돌을 피하기 위해 책상 역시 사선으로 배치했다.

앞면은 수납의 역할을 하도록 만들었습니다.
책상 역시 시선이 벽을 향하게 붙이기보다 벽에서 띄운 후
침대와 평행으로 두어 사선 배치의 멋을 살렸습니다.
이렇게 세 번째 변화도 완성되었습니다.
나름 파격적이고 참신한 시도였다고 스스로에게 칭찬해주었습니다.

공간박스로 만든 낮은 가벽 앞쪽은 공간박스를 적절히 활용해 옷과 수건, 가방 등을 보관하는 수납공간으로 사용했다. 반대편은 미송 합판으로 막은 후 흰색 페인트로 마감해 침대 쪽에서 보았을 때는 깔끔한 가벽으로 현관과 침대 사이 공간을 구분해주었다.
찬넬 선반에는 직접 만든 거울을 올려 화장대로 사용했다. 선반 상판에 행거를 고정해 벽이나 천장에 구멍을 내지 않으면서도 2단으로 옷을 걸어 옷장의 기능을 충족시켰다.

공간박스는 제가 제 공간을 꾸미기 시작한 때부터
빼놓지 않고 활용하는 아이템입니다.
사용자가 부여하는 역할에 따라, 쌓는 방식에 따라
변화무쌍하게 변신할 수 있죠.
이런 멀티가 가능한 아이템들을 적절히 활용하는 게
좁은 방을 넓게 쓰는 가장 좋은 인테리어 포인트입니다.

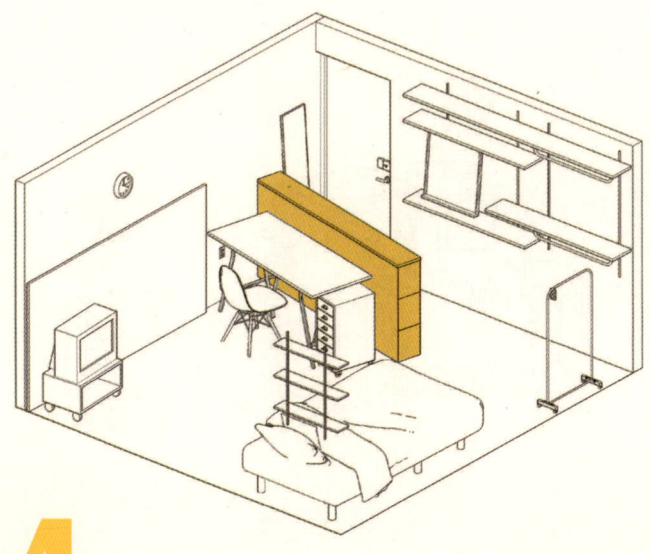

4 옥탑방의 네 번째 변화

마음에 쏙 들었던 사선을 콘셉트로 한 세 번째 배치 이후
옥탑방에 작은 변화가 찾아왔습니다.
낮은 가벽의 사선 배치는 기능적으로나 미적으로나
워낙 좋았기에 그대로 유지하면서
작은 방에서 동선에 약간이나마 지장을 주던
책상과 침대의 위치를 바꾸기로 한 겁니다.
책상은 공간박스 가벽 위로 선반을 하나 두어
좀 더 프로페셔널한 작업실 분위기를 풍겼고,
침대는 안정감을 찾은 모습입니다.

가구가 꼭 직각으로 벽에 붙어야 한다는 강박 관념을 깨고 나니
새로운 배치를 시도하는 게 훨씬 자유로워졌다.

직각의 벽에 맞닿은 침대가 이전보다 더 안정감 있다. 책상 옆에 있던 선반이 책과 사무 도구 수납을 맡았었다면, 이 구조에서는 간단한 소품과 직접 만든 캔버스 액자, 조명, CD플레이어 등을 두어 침대와 잘 어울리도록 했다.

TV는 차지하는 면적이 넓지 않아 침대에서 잘 보이는 곳으로 계속 따라다닙니다.
밤의 옥탑방은 은은한 다락방 분위기를 풍깁니다.
통기타 역시 저의 옥탑방 로망 중 하나.
옥탑에서 친구들과 파티를 열 때 통통 기타 줄을 튕기며 낭만에 취하고 싶었어요.
하지만 학원 수강 딱 3개월 만에 악기를 다루는 데 소질이 없다는 사실을 깨닫고
중고사이트에서 판매했습니다.
비록 소품의 역할밖엔 못했지만 옥탑방의 아날로그적인 느낌과 잘 어울려
소품이 공간에 미치는 힘이 크다는 걸 다시 한 번 깨달았습니다.

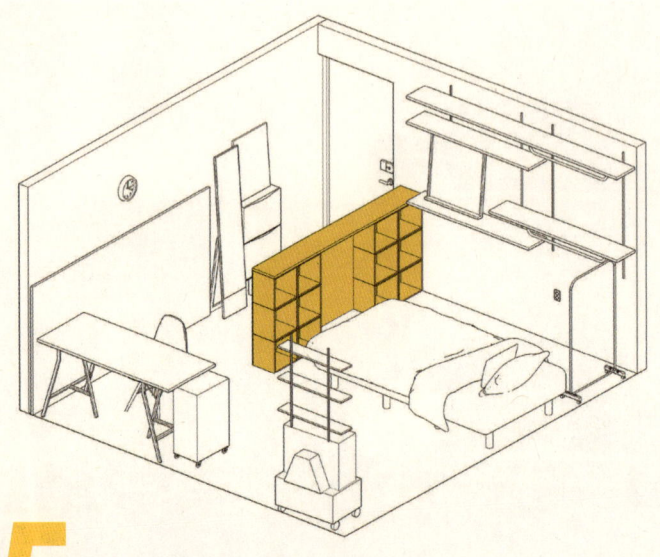

5 옥탑방의 다섯 번째 변화

복도가 있는 공간에 대한 로망이 몽글몽글 피어오르던 시점,
이번엔 사선 가벽의 위치를 틀었습니다.
좁은 공간이라 진짜 복도를 만들 순 없지만,
낮은 가벽으로 '복도스러운' 분위기라도 내보자는 게
목적이었습니다.

사실 좁은 공간을 넓게 보이도록 하려면
최대한 가구를 벽으로 붙여 가운데에 넓은 공간을 두는 게 가장 좋지만
'넓어 보이는 것'이 아니라 '작지만, 효율적으로 사용하자'라는 게 모토였기에,
끊임없이 공간을 다양하게 분할하는 시도를 했습니다.

어떤 시도를 하든, 누가 뭐라고 하겠어요!
비록 제 소유는 아닌 월세집이지만,
지금 이 순간만큼은 제가 살고 있는 제 집인 걸요.

가벽의 위치가 바뀌었기에 동글동글한 레일조명의 위치도 함께 이동했다. 천장이 높은 집이 아닌 경우 축 늘어뜨린 조명을 그냥 달았다간 지나갈 때마다 머리에 부딪히기 일쑤이다. 불편하기도 하겠지만, 조명 기구는 자꾸 부딪히거나 손에 닿으면 위험하니 구조와 동선에 맞게 모양과 배치를 바꿔주는 섬세한 작업이 필요하다.

햇살 들어오는 창가에 맞닿게 자리 잡은 책상. 더 이상 벽에 구멍을 내지 않으려고 선반 설치를 미루고 있었는데, 우드월을 지지대 삼아 벽에 구멍을 뚫지 않고도 선반을 붙일 수 있었다.

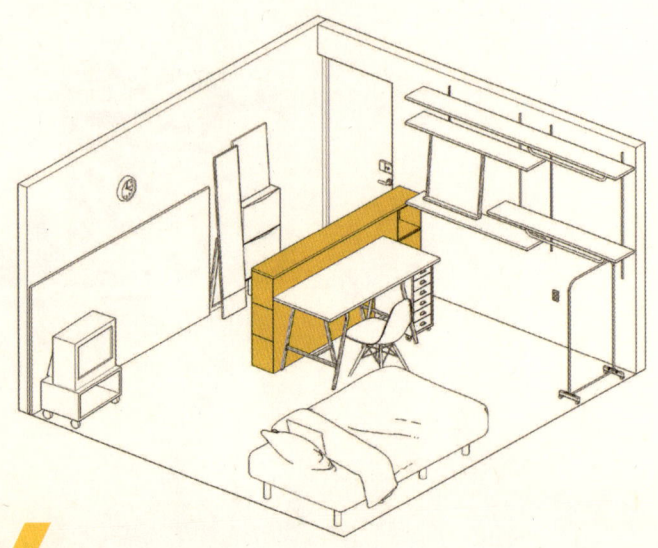

6 옥탑방의 여섯 번째 변화

다섯 번째 변화의 기본을 유지하면서
불편했던 동선을 살짝 개선하고자 다시 침대와 책상의 위치를 바꿨습니다.
현관 입구의 가벽은 그대로 유지하고요.
훨씬 안정된 느낌입니다.

두 번째 배치부터 행거와 옷 수납 코너의 위치는 크게 변하지 않았습니다.
찬넬 선반에 벽걸이 행거를 고정했으니 위치를 거의 고정시켜두고
나머지 가구 배치로 변화 주기를 반복했던 여섯 번째 배치입니다.

7
옥탑방의 일곱 번째 변화

가장 좋아했던 가구 배치이자
옥탑방과 관련된 재미있는 사건들이 일어나기 시작한 시기입니다.
옥탑방으로 이사 와 처음 맞은 겨울은 매우 추웠어요.
옥탑방 로망 실현의 첫 난관이었습니다.
웃풍이 센 탓에 보일러를 틀어도 공기가 매우 차가웠습니다.
가능한 바닥에 붙어 생활해야겠다는 생각이 들었습니다.
마침 큰 작업 책상이 필요 없어, 좌식생활을 하기로 마음먹었습니다.
그리고 책상의 상판이었던 목재는 침대 머리맡에 두어
외벽의 찬 기운을 막아주었습니다.

공간박스 가벽이 주는 묘미는 충분히 즐겼으니 이번엔 벽으로 붙여 공간을 조금 더 넓게 쓰기로 했다. 첫 번째 배치처럼 각 모서리로 가구를 안정감 있게 배치했다. 그때와 다른 점이 있다면 자잘한 가구들이 늘었다는 것.

가벽은 공간박스를 두 줄 쌓은 후 벽에 붙였고 위, 아래로 모두 행거를 달아 옷을 깔끔하게 수납했다. 가벽 위에 있었던 레일조명은 가벽을 치우면서 동선에 방해가 되어, 볼 전구와 각목을 이용해 간단하게 천장조명을 만들어 교체했다.

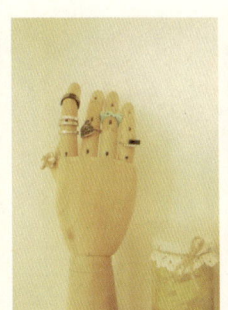
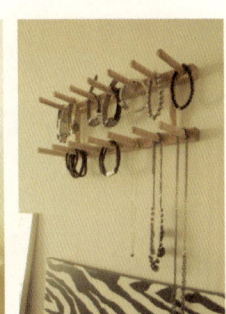
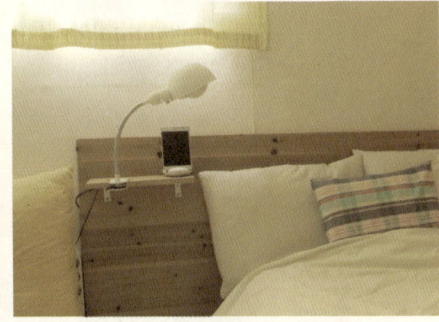

작은 소품 하나도 느낌 있게! 미술용 목각손을 이용해 반지를 보관하고, 다이소에서 산 목재 접시꽂이는 강력한 양면테이프로 벽에 간단히 붙여 시계와 팔찌, 목걸이를 걸어두었다. 자주 사용하는 액세서리나 소품은 서랍에 넣어두기보다 액세서리 가게처럼 눈에 띄게 디스플레이하면 인테리어 효과까지 누릴 수 있다.

옥탑방 좌식생활을 입증하는 사진. 침대 옆쪽으로 깔아둔 화이트 러그가 따뜻한 느낌을 더해준다.

인테리어의 생명은 조명이라는 정석

인테리어가 예쁜 집들 사진을 찬찬히 보면 한결같은 공통점을 발견할 수 있는데
그중 하나가 온 방을 환히 밝히는 쨍한 형광등이 없다는 것입니다.
몇 와트인지 모르지만 천장 한가운데에 길쭉하거나 둥그렇게,
한마디로 정말 태 안 나게 자리하고 버튼 하나로 온 방이 한꺼번에 환해지는...
그런 등은 예쁜 인테리어 사진에서 찾아보기 힘들어요.
대신 여러 형태와 크기와 조도와 색감의 조명들이
곳곳에 놓이고 달려 있는 걸 볼 수 있습니다.
조명의 색감이나 조명 디자인이
공간의 분위기에 미치는 영향은 정말로 엄청난 것 같습니다.

실제로 제 옥탑방 인테리어 사진을 보신 분들께서
가장 많은 문의를 주신 부분이 제 방에 있는 조명들에 관한 것이기도 해요.
또, 우리가 흔히 쓰는 하얀색 형광등보다
노오란 빛이 아이들의 정서 발달에 미치는 영향이 크다고 합니다.
그래서 제 방 천장에 있는 등에 네 개의 삼파장 전구를 달아놨는데
그중 하나는 노란 색상으로 골라 달기도 했습니다.

저는 인테리어의 요소 중에 조명을 굉장히 중요하게 여기는 사람 중 한 명입니다.
지금도, 다른 자취방으로 이사를 해도, 결혼해서 신혼집을 꾸밀 때도
천장에 길쭉하거나 둥그런 못생긴 등이 있으면 다 떼버릴 거예요.
그리고 곳곳에 여러 가지 감성을 느낄 수 있는 조명들을 두고 싶어요.

저의 로망은 옥탑방에서 끝이 아니랍니다.
방을 밝히고 싶으면 다 켜면 되고,
어느 한곳만 은은히 밝히고 싶으면 조명 하나만 밝혀
상황에 따라 다른 분위기를 풍기는 집을 연출하고 싶은 로망이 있습니다.

세상에 하나뿐인 천장조명 만들기

 각목 2개, 조명 기구 4개(전선, 소켓), 볼전구4개, 나사못 6개, 드릴, 톱

가구 배치가 바뀌니 레일조명이 동선을 방해하기 시작했습니다.
과감히 레일과 전구를 분리해내고 세상에서 하나뿐인
저만의 조명을 만들기로 합니다.

1. 천장에 달려 있던 기존 등을 제거하고 새 등을 연결할 전선을 뽑아냅니다. 톱을 이용해 각목을 필요한 치수에 맞춰 재단하고(830mm 2개, 180mm 1개) 각목 나뭇결이 곱지 않다면 사포로 살짝 샌딩합니다.

2. 180mm 각목 가운데에서 약간 벗어난 곳에 드릴을 이용해 전선이 통과할 수 있도록 구멍을 뚫습니다.

3. 2에서 만든 구멍에 천장에서 나온 전선을 통과시키고 각목 양 끝에 나사못을 박아 천장과 각목을 단단히 고정시킵니다.

4. 830mm 각목을 180mm 각목과 45도 정도 각도로 자리 잡아준 후 나사못 2개를 박아 각목끼리 단단히 고정합니다.

5-6. 같은 방법으로 830mm길이 각목을 4에서 만든 각목과 90도의 각도로 교차하게 자리 잡고 피스를 두 개 박아 단단하게 고정합니다.

7. 천장에서 나온 전선과 달고자 하는 등기구의 전선을 연결합니다.

8. 늘어진 등기구의 전선을 각목에 적당히 돌돌 감아주면 천장조명 완성!

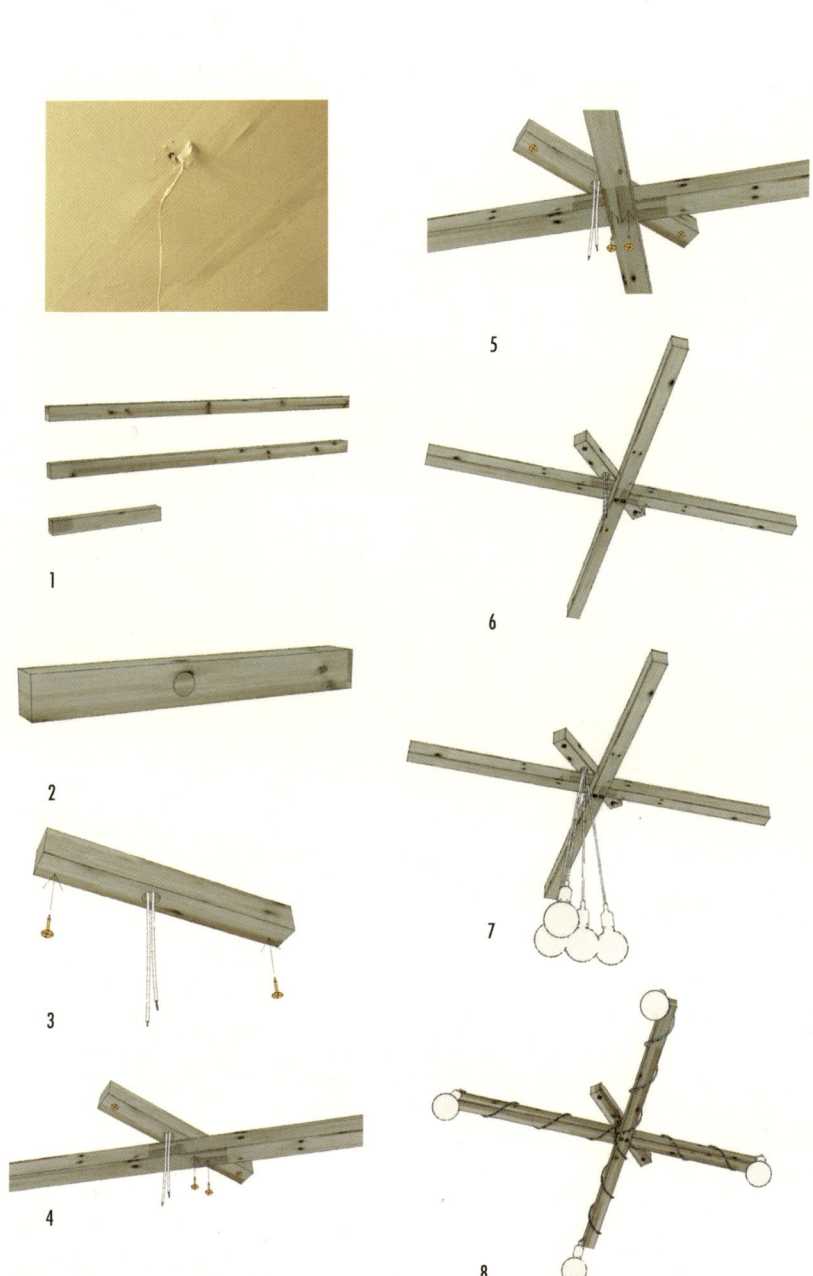

8 옥탑방의 여덟 번째 변화

다시 책상을 들여놓고 싶어졌습니다.
침대 헤드였던 나무판을 책상 상판으로 변신시켜 널찍한 작업대로 만들어줍니다.
책상의 한쪽 다리는 기존에 사용했던 이케아의 책상다리를 그대로 사용하고,
다른 한쪽은 공간박스를 두 단으로 쌓은 후 남는 목재로 높이를 맞췄습니다.
책상다리 겸 책장 역할을 하는 셈이죠.
침대는 기존과 크게 다르지 않지만 90도를 돌려 배치했습니다.

침대를 90도로 돌린 아주 단순한 변화지만, 매일 아침 눈뜨자마자 보이는 것이 달라진 큰 변화이기도 하다.

작업 책상과 화장대, 행거가 한쪽에 모여 있으면서도 용도에 따라 서로 방해하지 않고 영역이 분명히 나뉜다.

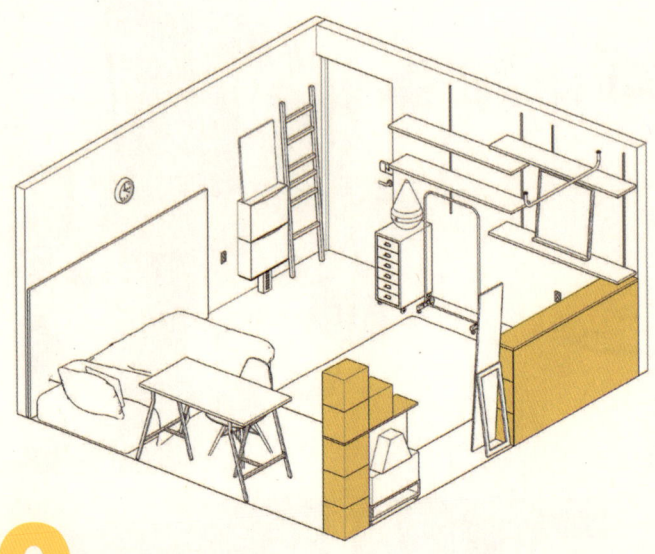

9 옥탑방의 아홉 번째 변화

침대를 벽에서 띄워뒀다가 다시 방향을 바꿔 벽으로 붙였습니다.
아무래도 가구를 벽에서 띄우는 것 나름의 매력은 있지만
버려지는 공간이 생기기 때문에 그리 오래 여덟 번째 배치를 유지하지 않았습니다.
침대를 벽으로 붙인 후 침대 옆에 있던 행거의 위치가 마음에 들지 않아
책상이 있던 자리로 옮기고 책상은 창가에 배치했습니다.
햇살을 받으며 일하는 건 좋지만, 아무래도 수납에 문제가 생기기 때문에
책상 옆으로 공간박스를 쌓아올려 수납 문제를 해결했습니다.

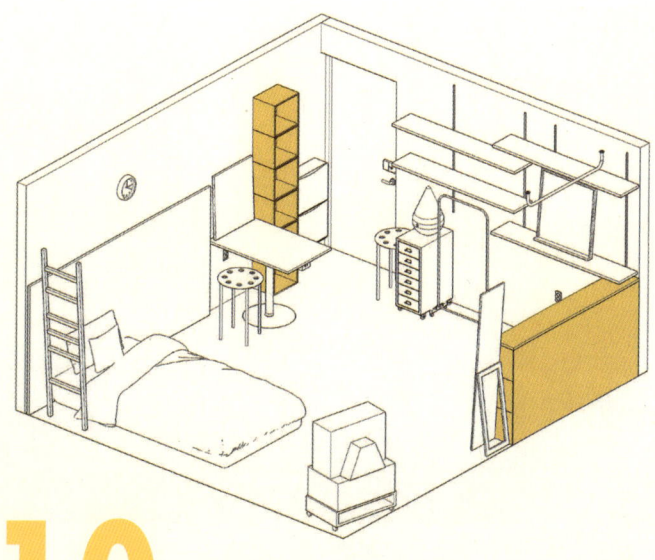

10 옥탑방의 열 번째 변화

주워 온 테이블 다리를 노란색 페인트로 칠해서
리폼했습니다.
힘들게 들고 올라와 리폼한 그 테이블을
적절한 위치에 놓아주기 위한 방의 변화입니다.
테이블만 덩그러니 있으니 불안해 보여
흩어져 있는 공간박스를 모은 후 쌓아서 균형을 맞췄습니다.
색다른 시도였지만 역시 이런 카페식 테이블은
집에서 사용하기에 어색함이 있더군요.
그래서 이 테이블은 과감히 옥상으로 옮겼습니다.

다양한 가구 배치를 시도해본 후
더 이상 배치만으로는 눈에 띄는 변화를 찾기 힘들어질 때쯤,
낡은 테이블을 하나 주워 왔습니다.
망가진 상판을 떼어내고 다리를 노란색 페인트로 칠하고 보니
굉장히 상큼한 테이블이 완성됐습니다.
그 위에 캔버스로 만든 액자로 포인트를 줬습니다.

테이블 하나, 캔버스 액자 하나가
방에 활기를 잔뜩 불어넣습니다.

그리고 이 사진 한 장이 제 삶에도 활기를
불어넣어주었습니다.

'생각하기 나름'
누추한 옥탑방 한 칸에 사는 평범하지만 꿈 많은 여자의 삶도 생각하고 마음먹기에 따라, 어떻게 행동으로 표현하느냐에 따라 조금 더 특별하게 빛날 수 있다. 네이버 메인에 뜬 이 사진 한 장이 지금 이 책을 쓰게 된, 예상치 못한 경험의 시작이었다. 좋아하는 말을 액자로 만들어 방 안에 두고 사진을 찍고 온라인에 공유했을 뿐인데 사진에, 내 마음에 공감해주고 나의 삶을 긍정적으로 바라봐주는 사람들이 생겼다. 참 기분 좋고 설레는 일이다.

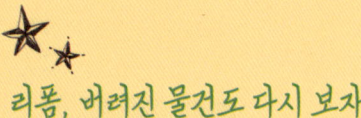
리폼, 버려진 물건도 다시 보자

누군가에겐 쓰레기인 물건이 다른 누군가에겐 매력적인 아이템일 수도 있습니다.
특히나 저처럼 주머니 사정이 넉넉지는 않지만
사소한 물건 하나도 제 취향에 맞게 바꾸고 꾸미는 걸 좋아하는 사람들에겐
더더욱 그렇습니다.

일단 중고 물품은 리폼하기에 부담이 없어요.
아무리 더 예쁘게 꾸밀 아이디어가 있다고 하더라도
돈을 주고 구입한 새것이라는 티가 잔뜩 나는 물건은 왠지 손대기가 부담스럽습니다.
하지만 애초에 내가 돈 들여 구입한 물건도 아니고, 쓰레기가 될 뻔한 것에
새 생명을 불어넣는 아주 생산적인 일을 한다고 생각하면
'망치면 어떻게 하지?'라는 부담이 확 줄어듭니다.

제가 처음 리폼을 시작한 건 10여 년 전.
낡고 지저분한 가구에 서투른 솜씨로 시트지를 붙였습니다.
마감이 깔끔하지 못했지만
저희 엄마는 그래도 잘했다고 머리를 '쓰담쓰담' 해주셨습니다.

만약 구입한 지 얼마 안 된 깨끗한 가구에 그런 짓(?)을 했다면
엄마에게 손자국 남게 등짝을 맞았을지도 모를 일이죠.

그래서 저는 중고,
그러니까 남이 쓰다 버린 물건을
좋아합니다.

캔버스를 폼 나는 액자로 리폼해볼까요?

액자는 가장 쉽게 인테리어에 활력을 불어넣을 수 있는 아이템 중 하나입니다.
또 취향이 고스란히 반영되고 쉽게 교체하기 어려운 가구나
패브릭에 비해 부담 없이 교체가 가능해서
액자만 잘 활용해도 인테리어 좀 한다는 소리를 들을 수 있습니다.
유리 액자의 경우 저는 잘 사용하지 않는데,
일단 유리 때문에 액자가 꽤 무겁습니다.
깨질 위험도 있어 벽에 못을 박지 않는 이상 걸기도 참 애매합니다.
바닥에 두기 위해 크고 근사한 걸 사려면 가격도 꽤 많이 나가고요.
그런 부분에서 캔버스 액자는 유리 액자의 단점을 보완해주는 아이템입니다.
상대적으로 가볍기도 하고 떨어져도 깨질 위험이 적으며 저렴합니다.

캔버스 프레임만 있다면 마음에 드는 패브릭을 씌워 얼마든지 변화를 주기도 쉽죠.
또 어느 유럽의 인테리어 사진을 보면 벽과 바닥에 크고 작은 캔버스 액자를 무심한
듯 시크하게 기대어놓은 사진을 볼 수 있습니다.
왠지 모르게 이국적인 느낌이 들기도 하죠.

저는 캔버스 액자에 물감이나 락카를 이용해서 이런저런 그림을 그려놓았습니다.
사실 그림이라기엔 참으로 민망하지만, 어쨌든 뭔가 꼬물꼬물 끄적여놓았어요.
집에 있는 캔버스 액자만 네 개, 아직 아무것도 그리지 않은 것까지 하면
여섯 개나 되는 캔버스 액자가 여기저기 놓여 있네요.
하지만, 이 중에 제가 제 돈을 주고 구입한 것은 하나도 없어요.
캔버스 한번 써보지 않은 나름 미대생이었던 대학생활,
학교에서 아마 저만 좋아했을 것 같은 공간이 있습니다.
미술대학 지하 3층 주차장 한쪽의 쓰레기장.
미술대학 학생들이 쓰던 재료, 폐기물들이 잔뜩 쌓여 있는 곳이었습니다.
리포머에겐 천국 같은 곳이죠. 여기서 미술대학 학생들이 쓰고 버린
캔버스를 들고 와 직접 만들고 꾸며서 인테리어 아이템으로 사용하는 겁니다.
쓰레기도 치워주고 인테리어 소품도 만들고, 이게 바로 도랑치고 가재잡기!

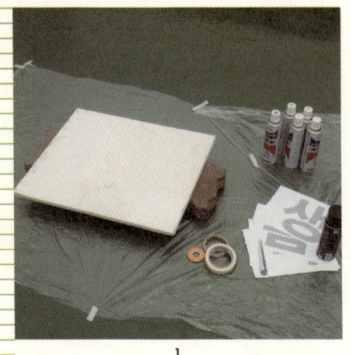  

1 2 3

나만의 액자 리폼하기

 캔버스, 락카 스프레이(원하는 색), 원하는 문구 프린트물, 3M 75스프레이(임시 고정용), 마스킹 테이프, 칼, 오염 방지용 비닐

1 락카 스프레이로 컬러를 입힐 예정이므로, 주변에 튀지 않도록 비닐로 주변 바닥을 보양합니다.
2 좋아하는 색상의 락카 스프레이를 골라 마음껏 뿌립니다.
3 액자에 담고자 하는 문구를 출력하여 글자만 오려냅니다.
4 1차 컬러링을 한 캔버스를 완전히 건조시킵니다.
5 오려낸 글자 뒷면에 임시 고정용 스프레이(3M 75스프레이)를 뿌립니다.
6 스프레이를 뿌린 글자를 캔버스에 예쁘게 붙인 후
7 글자 위에 흰색 락카 스프레이를 마구마구 뿌려주고 반 정도 말랐을 때 글자를 살살 떼어냅니다.
   *완전히 마른 후 떼어내면 글자와 함께 주변도 떨어질 수 있으니 주의하세요.
8 글자를 다 떼어내면, 1차 컬러링 부분이 글자로 드러나면서 자신만의 캔버스 액자가 완성됩니다.

테이블과 스툴을 리폼해볼까요?

작업용 책상은 멋들어지게 만들어두고 배치를 바꿀 때마다 수시로 조금씩
손봤지만, 가볍게 커피 한잔하거나 디저트 먹을 만한 테이블이 없는 게
늘 아쉬웠습니다.

마침 제 생활 반경의 한 사무실에서 리모델링을 하며 테이블 하나를 버리려고
내놓기에 얼른 가져왔습니다. 그런데 옥상에 두고 사용했더니 상판은 비에 맞아
곰팡이가 피고, 금속 다리는 녹이 많이 슬었습니다.

이 아이를 방에 들이기로 결심했습니다. 물론
때 빼고 광내는 리폼 과정을 거쳐야겠지요.

저는 수성 페인트를 사용했는데 페인트가 잘
먹지를 않았습니다.
금속에 페인트를 칠할 때에는 젯소를 두세 번
먼저 칠해주고 페인트를 칠해야 합니다.
젯소가 페인트의 접착력을 높여주고 발색이
잘되도록 도와줍니다.
하지만 저는 젯소가 없는 관계로
페인트를 아주 여러 번 덧칠했습니다.
사포로 샌딩하는 것도 페인트 접착력을 높여주는 방법입니다.

테이블 리폼하기

준비물 리폼할 테이블 다리, 테이블 상판(삼나무 집성목 18T), 페인트, 바니시, 마스킹 테이프, 브러시, 드라이버

1-2 리폼할 테이블을 준비합니다. 드라이버로 상판과 다리의 나사못을 풀어 분리합니다.

3 사용하고자 하는 다리의 오염 부분을 깨끗하게 닦고 원하는 색상의 페인트를 준비합니다.

4 페인트를 칠하고 완전히 건조하는 과정을 여러 번 반복합니다.

*페인팅 전 젯소를 2~3회 칠하거나 칠할 면을 먼저 사포로 샌딩하면 페인트 점착도를 높일 수 있어요.

5 충분히 발색이 되었다면, 완전히 말리고 바니시로 마감합니다. 미리 샌딩과 바니시 작업을 해둔 상판을 올리고 나사못으로 상판과 다리를 연결하면 간단하게 티 테이블 완성입니다.

1

2

3

4

5

리폼하려고 마음먹고 보니 이케아 스툴이 눈에 띕니다.
오천 원도 안 되는, 매우 저렴한 가격의 흔한 스툴입니다.
이 스툴에 아주 간단하게 페인트칠만 해서
샛노란 티 테이블과 세트처럼 만들어줬습니다.

스툴 리폼하기

 리폼할 스툴, 페인트, 바니시, 마스킹 테이프, 브러시

1. 스툴 다리 중간에 마스킹 테이프를 감습니다.
2. 마스킹 테이프 아래쪽을 페인트칠합니다.
3. 어느 정도 마른 후 마스킹 테이프를 떼어내면 마치 원래 하나였던 것처럼 상큼한 티테이블 세트가 완성됩니다.

1

2

3

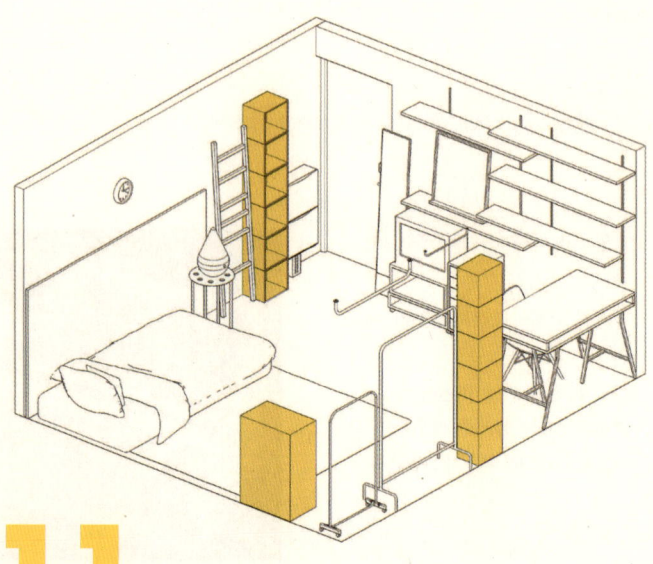

11
옥탑방의 열한 번째 변화

천장에 고정한 행거 하나와 바퀴 달린 작은 행거 하나,
그리고 공간박스 몇 개로 충분했던 옷 수납이
점점 포화상태에 이르렀습니다.
좁은 공간에서 옷을 덜 지저분하게, 더 효율적으로 수납하는 데
초점을 맞추기 시작했습니다.
이케아에서 큰 행거를 하나 더 구입했고,
길에서 라탄(가구, 바구니 등을 만드는 데 쓰이는 나무)으로 된
서랍장도 하나 주웠습니다.

현관에서 들어서면 바로 보이는 모습. 정면에 보이는 행거 때문에 조금 산만해 보일 수도 있지만, 벽과 천장 모두 하얀 공간에 걸어둔 옷의 다양한 패턴과 색상들로 인해 아기자기해 보이기도 한다.

이번 가구 배치의 목적은 옷 수납공간의 확보. 먼저 주목적이 될 수납용 가구들을 우선으로 배치하고 그에 맞게 다른 가구들을 약간씩 이동하거나 용도를 변경했다.

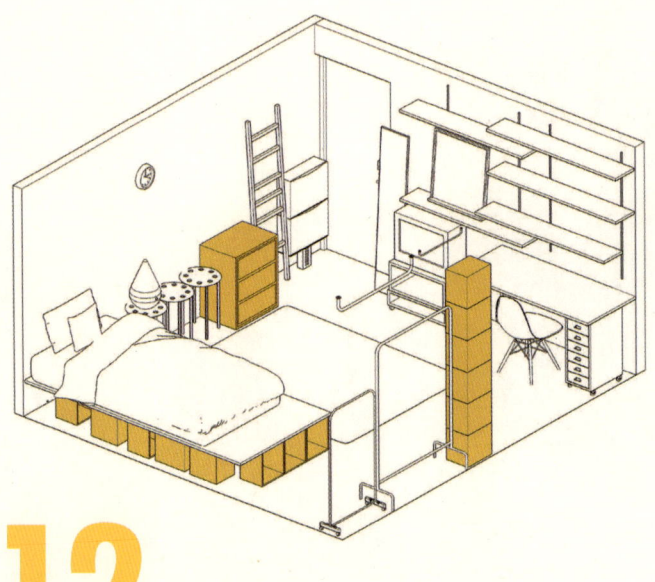

12
옥탑방의 열두 번째 변화

열한 번째와 맥을 같이하면서 준 가장 큰 변화는
벽에 붙어 있던 우드월을 떼어내고
공간박스를 다리 삼아 상판을 얹어 침대를 만들었다는 점입니다.

가로 2440mm×세로 1220mm×두께 24mm 짜리 삼나무 집성목을
옥탑방에 들인 목적은 공간박스를 다리로 두고 그 위에 얹어
침대 상판으로 사용하고자 함이었습니다.
그러나 여러 가지 이유에서 원래의 목적으로 쓰이지 못하고,
벽면에 붙어 우드월로써 따뜻한 분위기를 한껏 드높이는 역할을 했었죠.

하지만, 공간의 변화를 좋아하는 저로서는
원래의 목표도 한 번쯤 실현해보고 싶어졌습니다.
목표 실현 결과, 대성공입니다.

많은 분들이 좋은 아이디어라고 칭찬해주셨던 그 침대입니다.
침대 밑으로 공간박스가 적절히 배치되어 있고
그 아래로 남는 공간에 계절이 지난 옷을 보관하는 종이박스를 넣을 수 있어
좁은 방에서 최대의 수납 효과를 볼 수 있게 되었습니다.

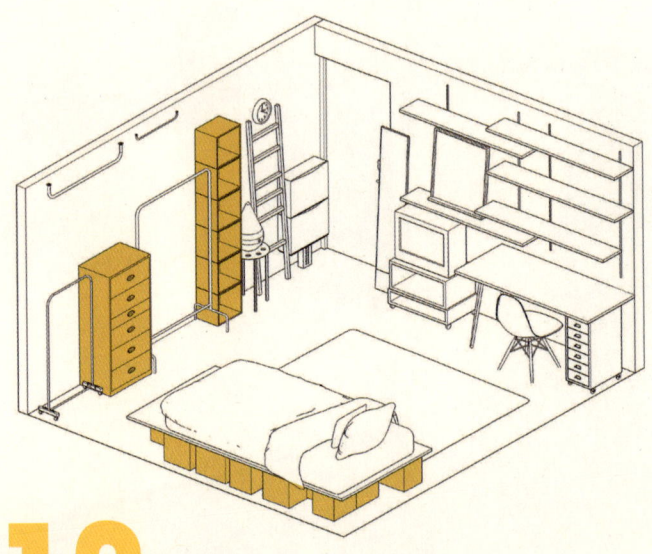

13 옥탑방의 열세 번째 변화

가장 최근의 옥탑방 풍경입니다.
현관에 문을 열고 들어오자마자 방의 정면 중에서도 좌측으로 시선이 닿습니다.
그 위치에 옷이 주렁주렁 걸려 있다 보니
아무리 깔끔하게 정리해도 조금 정신없는 느낌은 듭니다.
또 길에서 옷을 수납하기에 너무 좋은 서랍장을 주워 리폼했는데
열두 번째 배치에서는 도저히 배치할 폭이 나오질 않았습니다.
그래서 침대와 옷 수납 코너의 위치를 바꿔
열두 번째보다 훨씬 안정감 있는 배치를 찾았습니다.

지금은 이 배치로 1년 가까이 살고 있습니다.
저의 생활 패턴에 잘 맞게 정리하니 바꿔야겠다는 생각이 덜 들더라고요.

사실 완전히 확 뒤집어엎어 새로운 방으로 만들고 싶다는 욕심은 샘솟지만,
그건 머지않아 이사를 하면 다음 집에서 시도해보리라 마음먹고 참아봅니다.

처음 옥탑방에 이사 왔을 때에 비하면
그새 가구가 부쩍 늘었습니다.
하긴, 3년이란 시간이 흘렀으니
살림이 느는 게 이상한 일은 아니죠.
길에서 주워 와 리폼하기도 하고,
필요할 땐 부피가 작은 가구를 사기도
하고, 재료를 구입해 만들기도 하고…

어떤 식으로든 살아오면서 느낀
필요성 혹은 불편함이
점차 제가 원하는 방향을 제시하고
변화를 유도했고
가구들 역시 제 삶의 패턴에
맞춰졌습니다.

매번 창의적으로 완전히 판을 뒤엎은 건 아니었지만
모든 가구들이 적어도 대여섯 번 이상은 새로운 자리에 안착했을 정도로
옥탑방은 여러 번 옷을 갈아입었습니다.

앞으로 또 어떤 옷을 입힐지는 살면서 차차 고민해보려고 합니다.
기분 좋은 고민이 되겠네요.

서랍장 리폼하기

지난 번 길에서 주운 라탄 서랍장이 예쁘긴 하지만 수납력은 영 마음에 들지 않았습니다.
그러다 마침 크기도 모양도 딱 마음에 드는 서랍장을 길에서 또 발견해, 바로 주워 왔습니다.

 리폼할 서랍장, 페인트, 바니시, 락카 스프레이, 펜치, 전기 타카, 드라이버, 스펀지 롤러

1 곰팡이가 많이 핀 뒤판은 틈에 칼과 같은 도구로 지렛대의 원리를 이용하여 분리합니다.
2 남아 있는 타카핀은 뽑아서 정리하고,
3 지저분하게 벗겨진 시트지는 모두 깨끗하게 떼어냅니다.
4 좌우 흔들림을 방지해주던 몸체 뒤판을 떼어냈으므로, 전기 타카를 이용해 쓰고 남았던 자투리 목재를 적당한 간격으로 고정시킵니다.
5 드라이버를 이용하여 서랍의 손잡이를 모두 분리합니다.
6 손잡이 컬러는 블랙. 락카 스프레이를 뿌려줍니다.
7-9 스펀지 롤러를 이용해 서랍에 노란색 페인트를 3번 정도 칠했다 말렸다를 반복합니다.
색이 예쁘게 나오면 완전히 말린 후 바니시로 2번 마감합니다.

Before

샛노란 서랍장의 탄생!

과정 4번을 거치며 서랍장이 흔들리지 않고 형태를 잘 유지하게 되었습니다.

락카 스프레이를 칠할 땐 멀리서, 얇게, 여러 번 나누어 칠합니다. 빨리 색을 입히겠다고 가까이서 뿌리면 뭉치고 흘러내려 지저분할 뿐더러 락카 액체가 두껍게 앉아 잘 마르지도 않습니다.

페인트 역시 한 번에 색을 입히려고 하지 말고, 얇게 여러 번 칠해야 합니다. 오히려 얇게 칠하면 건조 시간도 빠르고, 또 균일하게 층이 올라가 페인팅칠이 깔끔하게 된답니다.

개인의 취향을 담은 작업 공간

작은 옥탑방이지만 침대, 책상, 책장, TV, 옷장, 화장대…
있을 건 다 있습니다.
가장 부피가 큰 침대와 옷 수납 코너를 제외하고
제일 큰 공간을 차지하는 가구는 책상입니다.

저는 집에서 컴퓨터를 하거나 그림을 그리는 등
작업하는 양이 많기 때문에
넓은 작업 책상을 갖는 게 꿈이었어요.

다른 형태로 옥탑방의 수납을 책임지던
공간박스나 이케아 서랍장.
그리고 저렴하게 구입한 책상다리 위에
침대 헤드로 사용되던 삼나무 집성목을 얹어
좁은 방의 공간을 최대한 활용하면서
작업을 하기에도 최적화된 책상을 만들었습니다.

침대 헤드로 쓰이던 우드월이 책상 상판으로 그 용도가 바뀌었다.

느낌 있는 작업 공간 만들기

 공간박스 6개, 이케아 책상 다리 1개, 삼나무 집성목 24T, 흰색 페인트, 바니시, 페인트 브러시

저희 집 많은 가구들이 그렇듯
특별히 공구가 필요하거나 복잡한 형태로 만들어야 하는 어려운 DIY 가구가 아니라,
그냥 약간의 힘만 써서 블록 쌓듯 쌓아 올리면 가구 하나가 완성되는,
누구나 만들 수 있는 간단한 책상입니다.

제가 사용한 삼나무 집성목은 가로 1500mm×세로 650mm×두께 24mm입니다.
원하는 크기로 자유롭게 얹어주면 나만의 책상이 완성됩니다.

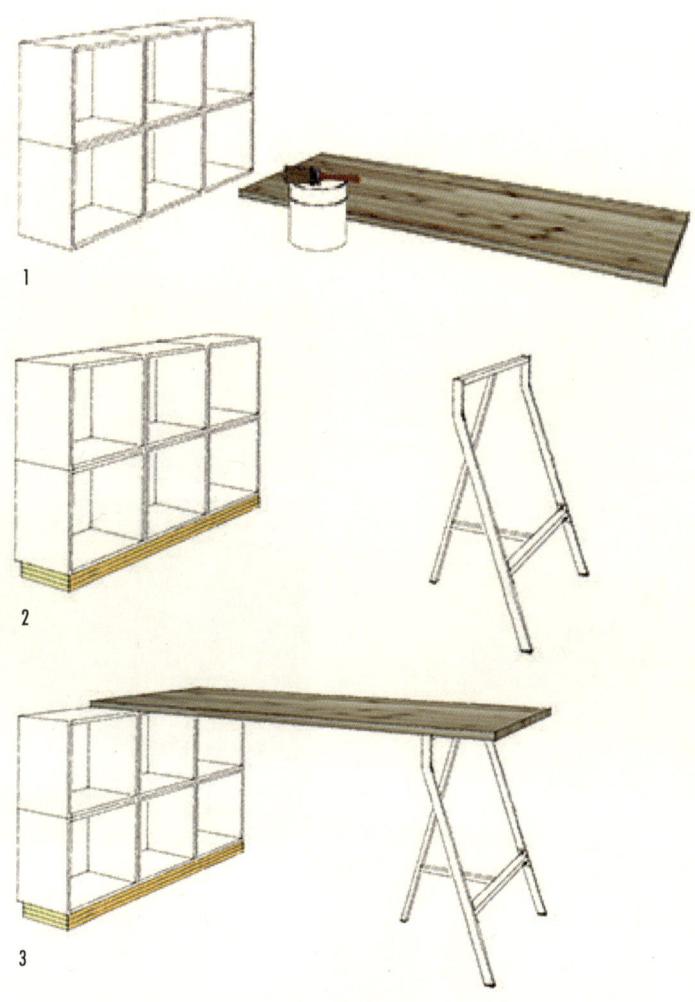

1 공간박스를 원하는 색상으로 페인트칠해 쌓아주고, 원목 판은 사포로 샌딩한 후 바니시로 2~3번 칠하고 말리고를 반복하여 마감해줍니다.
2 공간박스와 책상다리의 높이를 맞춰줍니다.
3 원목 상판을 올립니다.

작업 책상의 다양한 변화!

같은 책상을 다양하게 배치하고 활용했습니다.
심지어 옥탑 파티 땐 상판과 다리를 분리해 들고나가서
훌륭한 파티 테이블 역할까지 했답니다.

가장 최근의 제 작업 공간입니다.
안 되던 일도 푹 빠져 집중할 수 있을 것 같은 그런 공간입니다.
이렇게 저만의 옥탑 작업실이 탄생했습니다.
하루 종일 머물고 싶은, '취향 저격'의 작업 공간입니다.

화장대로 사용할 거울을 리폼해볼까요?

여자의 변신은 무죄라고 하죠.
이번엔 주워 온 캔버스 판넬과 판거울로 메이크업 코너를 만들었습니다.
많은 여성들에게 메이크업을 하는 시간은 매우 중요한 일과 중 하나입니다.
영화나 뮤직비디오를 보다 보면 조명이 달린 크고 예쁜 화장대 앞에 앉아
빨간 립스틱으로 헤어진 남자 이름을 쓰며
눈물 흘리는 장면을 심심치 않게 볼 수 있습니다.
여자의 감정을 표출하기 좋은 장소이기 때문에
배경으로 화장대가 자주 등장하는 게 아닌가 싶어요.
그래서인지 거울이 크고 예쁜 화장대에 섀도나 매니큐어를 색깔별로 전시해놓고
메이크업 도구들을 예쁘게 정리해두고 싶다는 로망을 가진 여성분들도
참 많을 것 같아요. 저를 포함해서요.

그만큼 화장대는 갖고 싶지만 좁은 방을 꾸밀 때에는
침대나 책상만큼 필수적인 요소는 아니기 때문에 제외되는 경우가 종종 있습니다.
큰 거울이 달린 예쁜 화장대는 일단 비싸고,
화장대 하나를 방 한 코너에 놓으면 공간을 차지하는 비중이 적지 않기 때문이죠.
그래서 혼자 사는 친구 집을 방문해보면 그냥 서랍장 위나 선반 위,
혹은 책상 한편에 기초 제품을 두고 색조 화장품들을 잔뜩 쌓아놓곤 합니다.
저도 처음엔 화장대가 따로 없었고 그냥 공간박스 한 칸에 화장품들을 쌓아두고
다이소에서 삼천 원 주고 산 원형 거울을 놓고 사용했습니다.

그러다 문득 크고 심플한 원목 거울을 사고 싶어서 알아봤는데
궁핍한 자취생이 거울 하나를 위해 몇 만 원이 훌쩍 넘는 가격을 지불하는 것은
아무래도 부담스럽더군요.
씁쓸하게 포기하고 지내던 중 '온 길바닥은 나의 보물창고'라고 여기는
저의 레이더망에 전봇대 밑에 버려진 꽤 큼지막한 판 거울 하나가 눈에
띄었습니다. 역시 보물창고 중에서도 전봇대 밑은 최고의 핫 스폿입니다.

신나게 집으로 들고 와서 이전에 주워 창고에 보관해두었던 캔버스 판넬을 꺼내어
사이즈에 맞게 자르고 거울을 붙였습니다.
그랬더니 너무나 고급스러운 원목 거울이 탄생했습니다.
마치 요즘 유행하는 북유럽이나 일본 브랜드의 제품 같은 퀄리티를 자랑합니다.
그렇게 만든 원목 거울을 삼나무 찬넬 선반 위에 올려주고
옆에 메이크업 도구들을 넣어줄 서랍장도 두고
거울 아래쪽에는 스킨, 로션같이 자주 쓰는 기초 제품과
아이섀도를 색상별로 예쁘게 진열해줬습니다.

거울 윗부분에는 메니큐어를 진열하는 것도 잊지 않아야죠.
이렇게 주워 오거나 집에 있는 재료들을 이용하여
단돈 백 원도 들이지 않은, 더없이 완벽한 저만의 메이크업 코너가 탄생했습니다.

조명을 추가해 메이크업 코너를 밝혔습니다.
예쁜 메이크업 코너를 만들어 며칠 사용하다 보니 창문과 천장 등을 등지고 있어
거울을 보기에 어둡다는 단점이 있었습니다.
이를 보완하기 위하여 LED 등을 거울 위 찬넬 선반 안쪽에 살짝 숨겨 설치했습니다.
LED 등은 메이크업하기에 적당한 조도를 유지해줌과 동시에
또 다른 기능도 가지고 있습니다.

저는 종종 고데기를 사용한 후 급하게 나가느라 켜놓고 깜박할 때가 많았습니다.
자칫 화재를 일으킬 수도 있는 굉장히 위험한 실수라는 걸 알지만
건망증이 심해 잘 고쳐지지 않더라고요.
이 위험을 LED 조명을 이용한 아이디어로 극복했습니다.
조명과 고데기를 스위치 하나로 연결되는 멀티탭에
함께 꽂아두는 단순한 아이디어인데

조명을 켜야만 고데기를 사용할 수 있고
또 조명을 끄면 고데기 전원도 함께 자동으로 꺼진다는 것!
웬만해선 조명을 켜두면 눈에 확 띄기 때문에
깜박하고 고데기를 켜놓고 다니는 실수는 하지 않게 된 것이죠.
작은 아이디어로 저는 화재의 위험에서도 벗어나고
바쁜 아침에 고데기 끄러 다시 집에 들어오지 않아도 되는 쾌거를 이루었습니다.

역시 머리를 잘 써야 몸이 덜 고생한다던
우리네 엄마들의 말씀은 틀린 게 하나도 없다는 걸 다시금 느낍니다.
조명은 위 선반에 가려지게 살짝 숨겨 강력 테이프로 붙이고
지저분한 전선은 거울이 자연스럽게 가려, 깔끔하게 연출됩니다.

캔버스 프레임으로 거울 리폼하기

 나무 판넬(910mm×910mm), 거울(600mm×600mm), 삼나무 집성목 18T (660mm×70mm), 전동 드릴, 톱, 강력 본드

판넬이란 그림을 그릴 때 사용하는 화판으로 화방이나 큰 문구매장에서 쉽게 구할 수 있습니다. 일반적으로 목재 프레임에 캔버스 천을 팽팽하게 씌운 캔버스 판넬은 유화에 많이 사용하고 나무 판넬은 수채화 작업에 사용합니다. 저는 거울 사이즈에 맞게 나무 판넬을 재단해서 새로운 거울로 제작했습니다.

1   나무 판넬과 거울을 준비합니다.
2   판넬의 왼쪽 위의 모서리를 기준으로 거울 사이즈에 맞춰 톱으로 잘라줍니다. 판넬의 프레임이 30mm 각목으로 되어 있기 때문에 거울의 오른쪽 옆도 30mm 남기고 잘라주시면 됩니다. 2번 이미지에 그어놓은 라인과 같이 커팅해주세요.
3   커팅하면 조각이 3개 나옵니다. 3번 조각은 필요 없으므로 버립니다. 그리고 1번 조각의 오른쪽 위 각목 모서리는 톱을 이용해 그림처럼 사선으로 잘라내줍니다.
4   2번 조각의 네모 박스로 표시된 각목만 쓸 예정입니다. 보통 각목이 판에 타카로 고정되어 있습니다. 지렛대를 이용하여 각목을 분리해냅니다.
5   그러면 또 조각이 이렇게 3개가 나옵니다. 이 중 2-1번 조각은 안 쓸 예정이니 버립니다.
6   2-2번 조각을 1번 조각에 올려봅니다. 딱 맞죠?
7   판넬 뒤편에서 각목이 안전하게 고정되도록 피스로 2번 박아줍니다.
8   1번 조각에 강력 본드를 마구 뿌려준 후 거울을 붙입니다.
9   위 과정대로만 하면 나무 프레임 안에 거울이 딱 맞아 떨어집니다.
10 그리고 삼나무 집성목 18T를 660mm × 70mm로 잘라서 준비합니다.
11 삼나무를 거울 하단에 대고 튼튼하게 고정되도록 피스로 양 끝을 박아 고정해주면 완성!

완성입니다! 저는 벽에 고정하지 않고 그냥 기대어놓았습니다.
거울과 나무 판넬이 붙다 보니 무게가 상당하여 기대어두는 것만으로도 사용하기 불편함 없이
단단하지만 아이가 있는 집은 위험할 수 있으므로 꼭 따로 피스 등을 이용해 고정하시기 바랍니다.

자고로 예쁜 주방은 여자의 로망

저는 드릴, 직소기, 타카 같은 공구도 좋아하지만,
예쁜 식기로 가득 찬 주방도 좋아하는 여자랍니다.

비록 노후한 옥탑방을 고쳐 살고 있지만
주방만은 포기할 수 없었습니다.
좋은 신발이 나를 좋은 곳으로 데려가 주듯,
예쁜 주방에서 하는 음식이 더 맛있을 것 같거든요.

가스레인지 하부장은 어떻게 만들까요?

집 꾸미는 과정에서 가장 오래 고민했고,
최대한 단순함을 추구하는 저의 DIY 작업 중
가장 많은 조각의 목재가 투입될 만큼 복잡한 형태이며,
완성하고 사용하면서 가장 만족감을 느끼는
가스레인지 하부장을 소개합니다.

주방이 워낙 협소하고 오래되어
문도 닫히지 않는 싱크대 외에는 다른 옵션이 전무했던 이전의 공간에
직접 제작한 이 가구를 만들어두니
엄청난 수납력으로 주방에 꼭 필요한 아이템인
가스레인지, 전자레인지, 밥솥, 각종 요리 재료를 모두 품어줄 뿐 아니라
식탁과 조리대의 역할까지 동시에 하고 있습니다.

진정한 멀티플레이어죠.

다용도 가스레인지 하부장 만들기

 삼나무 집성목 24T, 삼나무 집성목 18T, MDF 15T, 페인트(옅은 회색), 바니시, 가구 바퀴 6개, 나사못, 드릴, 직소기 or 톱, 페인트

이렇게 활용도 높은 가구가 탄생할 수 있었던 것 역시 결핍의 힘입니다.
주방 공간이 워낙 좁아서 싱크대와 냉장고를 놓고 나니
남는 공간은 겨우 가로 520mm뿐이더군요.
한숨 한번 쉬고 머리를 싸매기 시작했습니다.

요리할 때 쓸 조리대나 간이 식탁이 있었으면 했는데
2.8m X 1.7m 인 주방 폭이 매우 좁아서
접이식이나 슬라이딩식으로 만드는 것 외에는 방법이 없었습니다.

옥탑방 주방의 한계와 미션

- 공간은 겨우 520mm × 590mm 확보 가능
- 가스레인지 설치
- 전자레인지 설치
- 밥솥 설치
- 간단한 요리 재료 보관
- 조리대 겸 식탁

엄청난 제약을 고려하면서
다섯 가지 목적을 충족하는 가구를 만들기 위해
많은 자료를 찾아보며 고민한 결과
가장 최적화된 형태로 디자인이 나왔습니다.
편의상 A, B, C 파트로 나누어 봅니다.

목재세부치수(mm)

A파트

A-a : MDF 15T / 720×440×1장
A-b : MDF 15T / 785×70×2장
A-c : MDF 15T / 555×440×1장
A-d : MDF 15T / 555×70×2장
A-e : 각재 25T / 555×25×2장
A-f : MDF 15T / 440×65×1장(세부 치수 참고)
A-g : MDF 15T / 585×115×1장
A-h : 삼나무집성목 24T / 590×490(내부 타공 치수 270×485)×1장

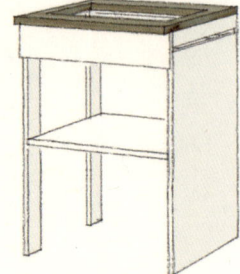

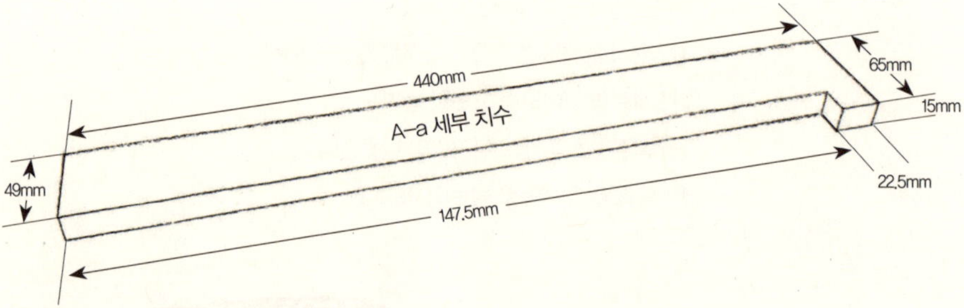

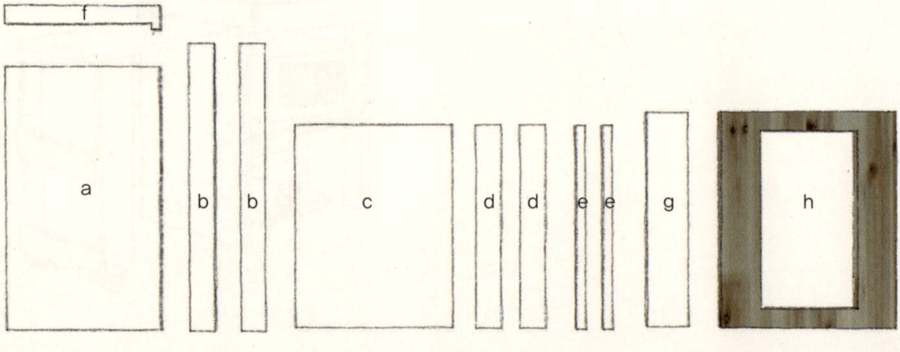

B파트

B-a : MDF 15T / 100×645×2장
B-b : MDF 15T / 100×396×2장
B-c : MDF 15T / 100×366×1장
B-d : MDF 15T / 55×366×2장
B-e : MDF 15T / 90×396×2장
B-f : MDF 15T / 369×582×1장
기타: 작은 자투리 나무, 가구 바퀴 2개

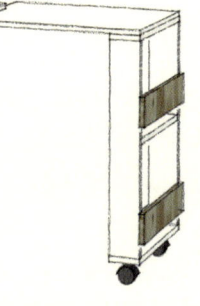

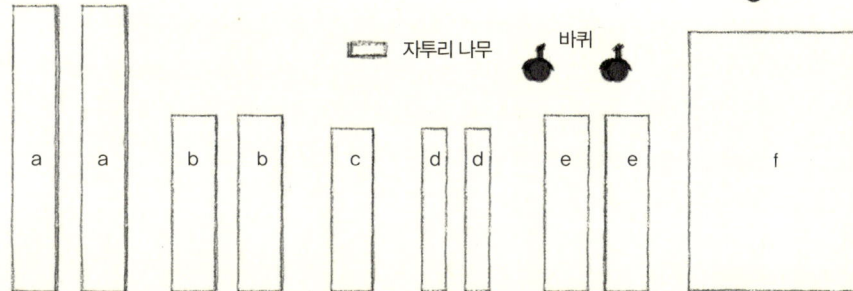

C파트

C-a : 삼나무 집성목 18T / 480×280×1장
C-b : MDF 15T / 160×40×1장, 가구 바퀴 2개

각 목재의 모양과 크기를 파악했다면 이제 그림을 보고 조립하듯 만들어주면 됩니다. 두께가 얇은 목재를 직각으로 고정할 때에는 나사못으로 고정하는 것보다 꺽쇠를 이용하면 더 안정적으로 결합할 수 있습니다.

각 파트 치수에 맞게 목재를 재단합니다. 직소기로 직접 재단할 수도 있지만 크고 많은 양의 경우 시간도 오래 걸리고 목재소에서 원형 톱으로 자르는 것에 비해 단면이 고르지 못하기 때문에 인터넷 목재소에서 치수에 맞게 재단하여 주문했습니다.

조립도의 순서에 따라 적절한 위치에 나사못을 박으면서 인내심을 가지고 차근차근 조립합니다. 목재에 드릴을 이용해 바로 나사못을 박을 경우 목재가 찢어지거나 깨지는 불상사가 발생하기도 합니다. 특히 다른 목재에 비해 MDF는 이런 상황에 더욱 취약합니다. 따라서 나사를 박으려는 위치에 드릴의 얇은 비트로 구멍을 한번 내준 후 나사를 박으면 기껏 치수 맞춰 주문한 목재가 깨져서 제작을 '올스톱'하는 불상사는 줄일 수 있습니다.

A파트 조립도

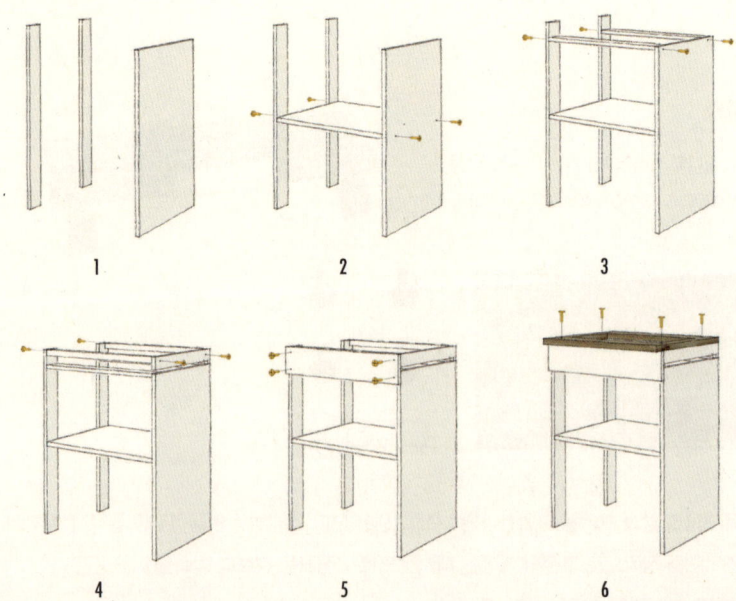

B파트 조립도

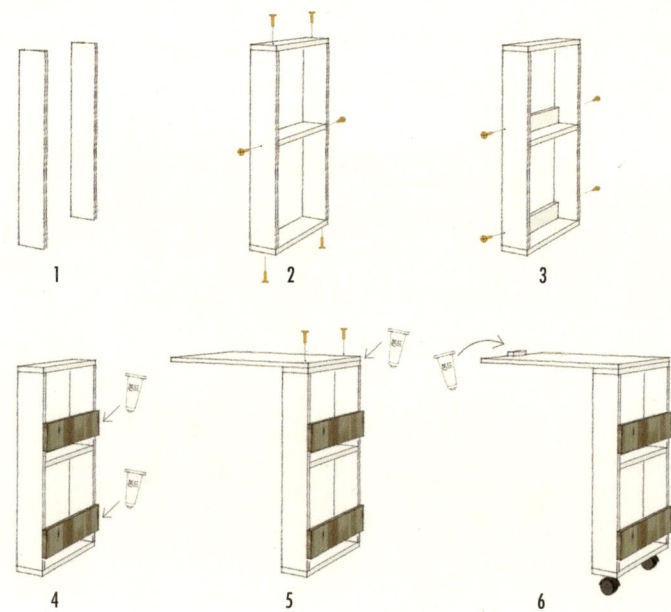

C파트 조립도

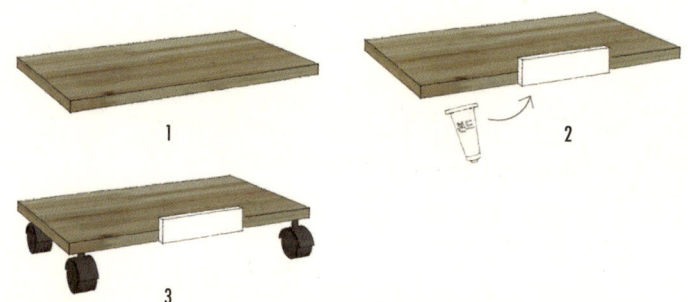

그런데 만들고보니 문제가 생겼습니다.
1번 부분의 하단 MDF 15T가 다 갈라지고 찢어져서 제대로 서 있지 못하더라고요.
저렴하게 하려다 더 큰 문제가 발생한 겁니다. 이런 경험은 다음 작업을 위한 뼈아픈
교훈으로 삼기로 하고 보수작업에 들어갔습니다.

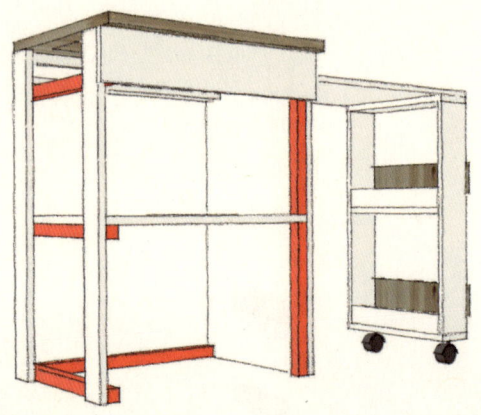

빨갛게 표시된 부분이 25mm×25mm 크기 각목으로 보수하여 지지대를 세운 부분입니다.
MDF가 너무 얇은데 나사못으로 뚫어 고정하다보니 헐거워진 겁니다.

수직 부재와 수평 부재가 만나는 지점에 각목을 이용해 몇 개의 지지대를 세워 고정하고나니
훨씬 안정적인 형태가 되었습니다. 아마 다시 만든다면 이렇게 지지대를 할 필요 없이
24T 정도의 두께감 있는 목재를 사용하고 나사못으로 바로 구멍내기 보다 꺽쇠를 적절히
사용하여 목재의 훼손을 최소화해 작업하겠죠.

"이게 바로 셀프 인테리어의 묘미죠!"라고 할 수도 있지만,
다음부터는 더 안정감 있게 계획을 세우겠다고 다짐해봅니다.

MDF 조각들을 조립한 후 브러시나 스펀지 롤러를 이용하여 원하는 색으로 페인트칠한다. 주방 창틀이 검은색이고 다양한 주방 기구로 컬러풀한 느낌이 들 것이므로 무난하게 어울릴 수 있는 옅은 회색을 선택했다. 물이 많이 튀는 가구이므로 페인팅 후 바니시로 3회 마감하여 물과 오염에 강하게 제작했다.

슬라이딩 테이블 한쪽은 하부장 안으로 쏙 들어가도록 하고, 다른 한쪽은 두 칸으로 나누어 수납이 가능한 형태로 다리를 만들고 바퀴를 달았다.

미리 상판에 빌트인 가스레인지가 들어갈 구멍을 타공해두었다. 가스레인지를 살짝 올려만 놓으면 가스레인지 하부장이 완성된다.

음식을 차려 혼자 간단히 식사하기도 좋고, 조리대로 쓰기에도 안성맞춤인 다용도 하부장이 완성. 수납이 가능하도록 만든 슬라이딩 테이블에는 음식을 만들 때 자주 쓰는 후추, 소금, 설탕, 깨 같은 조미료와 재료들을 보관해서 효율을 높였다. 밥솥은 하부장 아래로 숨기되 밥 지을 때 증기가 발생하므로 바퀴를 달아 꺼내고 빼기 편리하게 만들었다.

요리하는 것을 좋아합니다.
DIY와 같은 느낌이에요.
단순한 재료들을 모아 정성을 들이고 차곡차곡 과정을 쌓다보면
기분 좋은 결과에 도달합니다.
마무리는 가능한 한 예쁘게 하는 게 좋겠죠.

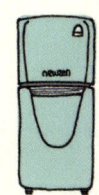

사용할 물건도, 먹을 음식도, 눈에 담기 예쁘면
사용할 때도, 먹을 때도 더 기분 좋을 테니까요.

뭔가 제대로 갖추고 조리하기엔 턱없이 작고 초라했던 주방을
요리하고 싶게 만드는 주방으로 변화시키고자 했습니다.

평소엔 조리대를 밀어 넣어 숨겨두었다가
이렇게 조리대나 간단한 식탁으로 이용하고 싶을 때 쭉 당기기만 하면
충분하진 않더라도 탁탁탁 칼질이나마 제대로 할 수 있는 공간이 확보됩니다.

불편함을 감지하고, 생활 패턴과 지향하는 바를 곰곰이 생각해보고,
직접 만들고 고침으로써 나의 삶에 긍정적인 변화를 이끌어내는 것.

그것이 셀프 인테리어의 순기능이겠죠.

좁은 주방에 수납공간을 마련해볼까요?

'공간이 좁아 물건을 놓을 면적을 확보할 수 없다면
벽면을 최대한으로 이용하라'는 저의 인테리어 철칙은 주방에도 적용됩니다.
싱크대와 냉장고를 놓은 후 그나마 남은 공간에 가스레인지 하부장을
멀티에 멀티를 더해 구겨넣었다면, 이제는 식기 수납공간이 고민입니다.
상부 수납장도 전혀 없고 철제 창문으로 빙 둘러져 있어
못 하나 고정할 곳도 없는 공간이었지만,
최대한의 공간 활용을 위해 찬넬 선반 설치는 필수적이었습니다.

찬넬 선반을 설치하고자 하는 곳의 상태를 점검해보니,
주방은 옥탑 특유의 철제 프레임으로 된 창문과
샌드위치 패널 벽으로 이루어져 있습니다. 말 그대로 간이 주방이죠.

콘크리트가 아니라 안정적이지도 않고, 벽면 전체가 창문이라
세로로 긴 찬넬 기둥을 고정할 벽이 없으므로
벽체를 대신할 무언가가 필요했습니다.
그래서 긴 각목을 구해 창문 프레임과 같은 검은색으로 색칠한 후
창문 프레임의 상하단에 철판 피스로 고정하여
벽체를 대신할 지지대를 만들었습니다.

그 위에 찬넬 기둥을 설치하여
완전히 죽은 공간이었던 창틀 벽을 100% 활용했습니다.

고정할 곳 없는 창틀에 찬넬 선반 달기

 각재(30mm×30mm) 2개, 찬넬 기둥 2개, 찬넬 받침 6개, 상판 목재(미송합판) 3개, 철판 피스 4개, 목재 피스 8개, 페인트(블랙), 바니시, 드릴, 브러시, 사포

1   먼저, 찬넬 선반을 설치하고자 하는 곳의 상태를 점검합니다. 준비한 각재와 상판용 목재를 사포로 곱게 갈고 각재는 검은색 페인트칠 1회, 바니시 2회, 그리고 상판은 바니시만 2회 칠해줍니다.

2   페인트가 마르면 드릴과 철판 피스를 이용하여 상하단 창문 프레임에 적당한 간격으로 각목을 고정합니다. 각재 위에 찬넬 기둥을 고정합니다(찬넬 고정 방법은 214p 참고). 목재에 찬넬을 고정할 때는 힘들게 벽에 구멍을 뚫고 칼블록을 끼우는 수고를 덜 수 있으니 콘크리트 벽에 설치할 때보다 훨씬 쉽습니다.

3   한쪽 찬넬 기둥을 먼저 고정하고 수평계를 이용해 수평을 맞춘 후 나머지 기둥도 고정합니다.

4   원하는 높이에 찬넬 받침을 끼우고 상판을 얹으면 주방 식기 수납을 도와줄 선반 완성입니다.

다용도 걸이로 공간 효율을 높여볼까요?

혼자 사는 집이지만 뭐든지 갖춰놓고 사는 걸 좋아해서
가지고 있는 물건이 참 많습니다.
주요 가전은 가스레인지 하부장을 만들어 설치했고,
식기는 찬넬 선반을 만들어 자리 잡았습니다.

그리고 나니 남는 것이 각종 조리 도구입니다.
혼자 살지만 프라이팬도 하나 있어야 하고
라면 하나 끓일 때 딱 맞는 냄비도 필수고,
큰 궁중팬도 하나 있어야 할 것 같습니다.
요리할 때마다 쓰는 국자, 뒤집개, 집게, 체…
이런 것들은 또 어디에 보관할지 고민입니다.

싱크대 밑 공간은 이미 포화 상태였고
그럼 또 벽을 이용해 보관하는 방법뿐입니다.

이러한 이유로 저의 주방에는 원래 다른 용도로 쓰이던 아이템에
아이디어를 더한 다용도 걸이가 두 가지 있습니다.

이 프라이팬 걸이가
예전 자취방에서는
가방 걸이로 쓰였다.

철망에 프라이팬과 각종 냄비 걸어서 수납하기

철망을 문틀 홈 사이에 세우고 문틀 홈에 닿는 부분을 강력 테이프로 1차 고정합니다.

흔들림을 최소화하기 위해 자석으로 홈 사이에 철망 프레임이 꽉 끼도록 고정해줍니다.

거기에 S자 고리를 걸어 프라이팬을 수납하고 있습니다.

싱크대가 넓지 않은데 이렇게 걸어서 보관하니

설거지 후 바로 걸어 건조까지 할 수 있다는 장점은 쓰면서 알게 된 사실이죠.

바깥에 걸어 보관하니까 자주 사용하지 않으면 먼지가 쌓이기도 합니다.

이럴 때는 사용하기 전에 한 번씩 헹구어주면 충분합니다.

조리도구 수납을 위해 철제 창문 프레임에 다용도 걸이 설치하기

주방 철제 창문에 찬넬을 설치한 것과 같은 원리로 만든 다용도 걸이입니다.
미송합판을 창문 프레임보다 약간 크게 재단하여 철판 피스로 고정한 후
그 위에 이케아 수건걸이를 붙였습니다.
역시 S자 고리를 이용해서 각종 조리 도구를 보관하고 있습니다.

곰팡이 가득했던
욕실의 환골탈태

화장실은 세입자가 선뜻 셀프로 공사를 시작하기에 어려운 공간입니다.
건식으로 사용 가능한 환경이라면 조금 수월하겠지만
완벽히 습식으로 사용될 수밖에 없는 상황이라면 더더욱 어려워집니다.

요즘 좋은 욕실용 페인트들이 시중에 많이 나와 있지만
계속 습기가 차다 보면 결국 벗겨질 수도 있다는 위험 부담은 안고 가야 합니다.
또 그런 기능성 제품들은 방에 칠하는 벽지용 페인트에 비해
적게는 3배에서 10배 이상 가격이 비쌉니다.

바닥 타일 작업은 비전문가가 하기에는 공정이나 재료 선택이 어려워
충분한 자료 조사 후 작업이 이루어져야 합니다.
혹시라도 수전을 잘못 건드리거나 방수에 문제가 있을 경우
아래층에 누수가 일어날 수도 있고 그렇게 된다면 뒷일은 상상하기도 싫죠.

저 역시 이러한 금전적, 심리적 부담에 화장실은 애초에 작업할 생각을 접고
2년 동안 생긴 대로 살자고 다짐했었습니다.

하지만 2년이던 계약 기간은 너그러우신 주인 할머니 덕분에
자연스럽게 연장되었고, 특별히 이사를 할 만한 이유도 없었기 때문에
3년 넘게 이 옥탑방에 살면서 슬슬 화장실이 거슬리기 시작했습니다.

Before

바닥에 발라져 있던 페인트는 벗겨지고
거친 방수 페인트로 마감된 벽면엔 곰팡이가 점점 번져가는 걸 보면서
앞으로 얼마를 더 살더라도 지금 상태로는 참을 수가 없겠다는 생각이 들어
결국 화장실을 뒤엎기로 마음먹었습니다.

누군가 "화장실 셀프 인테리어를 하려고 합니다!"라고 한다면
조심스레 말리고 싶은 마음이 먼저 듭니다.
그만큼 제가 해본 셀프 인테리어 작업 중 가장 고되고 어려웠어요.
뭐 끈기와 뚝심으로 한번 해보겠다고 하신다면 응원합니다.
확실히 만족스러운 결과를 얻으실 수 있을 겁니다.
공간을 예쁘게 바꾸는 걸 즐기는 저 역시
최악의 화장실 상태를 두 눈으로 확인한 후 울며 겨자 먹는 심정이었습니다.
그래도 결국, 전문가가 시공한 것에 비해서는 정말 부족하지만,
들어가기 싫던 화장실이 괜히 지나다가 문 한번 열어보고 싶고,
아침에 샤워할 때 기분 좋게 콧노래를 흥얼거릴 수 있는 공간으로 바뀌었거든요.

화장실 변신 A to Z

욕실 셀프 인테리어의 순서

계획하기 ▶ 청소와 밑작업 ▶ 공간 확보를 위한 벽 보강 ▶ 외부용 퍼티와 젯소 작업
▶ 페인트칠로 벽과 천장 마감 ▶ 샤워기, 조명, 거울 설치 ▶ 바닥 타일 작업
▶ 선반과 소품으로 분위기 내기

1. 계획하기

일종의 콘셉트를 잡는 단계입니다.
북유럽, 모던, 레트로... 다양한 컨셉이 유행하고 있지만, 저는 그런 것보다
현재 환경에서 가장 적은 비용과 가장 효율적인 방법을 고민하여 작업 방향을 잡고
자재에 어울리는 컬러를 활용해 분위기가 어우러지도록 하는 게 목적이었습니다.

변기가 깔끔한 화이트였다면 좋았겠지만, 안타깝게도 독특한 핑크색입니다.
아직 기능엔 문제가 없는 변기를 교체하는 것은 낭비이기에 화장실 변신 과정에서
가장 오래 고민한 부분은 바로 컬러입니다.
이 난해한 핑크 변기와 자연스럽게 어우러질
컬러를 선택하는 일은 어렵지만 꽤 즐거웠습니다.
수많은 컬러칩 중에 고민하여 고른 컬러 조합은
페인트 가게 사장님의 "아가씨 색깔 좀 볼 줄 아네!"라는
칭찬을 듣게 하기도 했습니다.

욕실에 활용할 세 가지 컬러. 튀는 분홍색 변기와 조화를
이룰 차분한 민트. 까만색 창문 프레임을 보완하기 위한
짙은 그레이. 민트와 그레이를 중화시켜줄 아이보리.

작업 과정에서 제일 중요한 게 벽과 바닥의 마감입니다.
주인집에 확인해본 결과 방수에는 문제가 없었고
문턱도 꽤 높아 타일을 덧붙일 때 올라오는 높이도 커버가 가능하므로
바닥은 타일 덧방으로 결정했습니다.
벽면은 타일을 붙일지 페인트칠을 할지 충분한 고민 끝에
비용 절감과 더 익숙한 작업으로 시공의 편의성을 높이고자 페인트로 결정했습니다.

여러 가지 욕실용 페인트 중 많은 검색과 페인트 가게 사장님과의 상담을 통해
친환경 던에드워드 페인트 중 외부용 페인트(에버쉴드)를 사용하기로 했습니다.
외부용 페인트이기 때문에 습기 침투에 대한 저항력과 보호력이 강해
완전 습식으로 사용할 화장실에 적합하다는 판단이었습니다.
페인트를 칠하기 전 아크릴릭 필러로 합판을 보강한 부분과 기타 메워야 할 부분들을
꼼꼼하게 채운 후 젯소, 페인트순으로 작업하기로 했습니다.

2. 청소와 밑작업

먼저 장도리와 드라이버를 이용해
벽에 고정되어 있던 못이나 샤워기 거치대, 조명은 모두 제거합니다.
그리고 헤라(스크래퍼)로 천장과 바닥에 **페인트가 일어나거나 지저분하게 묻은 부분**을
깨끗하게 긁어내고 청소기로 남은 먼지를 다 빨아냅니다.
만약 오염이나 가루가 남아 있으면 시공 후 하자 발생의 원인이 되기도 합니다.
또 곰팡이 제거제와 락스를 사용하여 벽면에 번식하던 **곰팡이를 제거**합니다.
이틀 정도 자기 전에 곰팡이 제거를 위한 세제를 벽에 잔뜩 뿌리고
아침에 깨끗이 닦아내는 걸 반복했습니다.

그 후 하루 이상 물이 닿지 않도록 하고
바람을 잘 통하게 하여 **화장실을 완전히 건조**시키고
변기, 수도꼭지 등 페인트가 묻으면 안 되는 부분은
마스킹 테이프로 보양합니다.

3. 공간 확보를 위한 벽 보강

 합판 730mm×800mm×12mm(2개), 목재소에서 얻어온 자투리 나무들(3T 기준), 톱, 실리콘, 강력 본드, 글루건

1. 방과 맞닿는 좌측 벽은 벽돌이 그대로 노출되어 있고 주방과 연결되는 화장실 입구 쪽 벽은 시멘트로, 샤워기가 설치될 수 있는 정도의 좁은 공간입니다. 우측 벽은 상단 창문, 하단 샌드위치 패널로 구성되어 있고, 입구에서 정면으로 보이는 벽은 철제 프레임의 유리로 마감되어 있습니다. 그리고 그 뒤는 또 한 번 샌드위치 패널로 막혀 있어 굉장히 답답하고 쓸모없는 벽체가 되었습니다. 이 부분을 쓸모 있도록 보강하기로 했습니다.

2. 프레임 사이즈를 재보니 730mm입니다. 합판을 730mm으로 잘라오면 양쪽 프레임에 딱 맞게 끼울 수 있고, 높이는 조금 여유를 두어 800mm로 정했습니다. 창문 프레임과 비슷한 두께로 튀어나올 수 있도록 12T로 나무를 재단하기로 하고 항상 봐두었던 집 근처 목재소로 갔습니다.

3. 원하는 사이즈의 합판을 2개 재단한 후 가져와 프레임에 끼워봤더니 너무 꽉 껴서 들어가지 않는군요. 시행착오입니다. 다시 합판을 들고 목재소로 가서 각각 3mm씩 더 잘라서 끼워보니 딱 맞습니다.

4. 목재소에 남은 3T의 자투리 나무도 챙겨왔습니다. 적당한 길이로 잘라 실리콘, 강력 본드, 글루건으로 유리에 자투리 나무를 붙입니다. 유리와 나무를 단단히 붙여야 하는 작업이라 접착제를 다양하게 사용했습니다. 실리콘은 천천히 굳지만 접착력이 우수하고, 글루건은 접착력은 약하지만 빨리 굳어 실리콘이 굳을 동안 잘 부착되어 있도록 잡아주는 역할을 합니다. 강력 본드는 이 둘의 중간 정도 역할을 하겠네요.

5. 적당한 간격으로 자투리 나무를 단단히 부착합니다.

6-7. 자투리 나무 위에 또 실리콘, 강력본드, 글루건을 바르고 그 위에 재단해온 730mm×800mm 합판을 부착합니다

8. 합판을 유리에서 3mm 가량 띄웠으므로 합판 상부 틈을 막아 마무리하기 위해 자투리 나무를 합판 위쪽에 목공용 본드로 붙입니다.

9. 철제 프레임과 부착된 합판의 경계 지점을 실리콘으로 깨끗하게 마무리합니다.

4. 외부용 퍼티와 젯소 작업

 아크릴 필러, 초강력 젯소, 고무 헤라, 브러시, 롤러, 사포

원래 있던 거울은 떼어내려고 했지만, 워낙 단단히 붙어 있어 그냥 둔 채로
위에 합판을 부착했습니다. 창문의 유리면과 거울 사이 3m 정도를 메우기 위해
퍼티를 처음부터 두껍게 발랐더니 마르는데 오래 걸리기도 하고
또 쭈글쭈글하게 모양이 변형되기도 합니다. 경험 부족에 의한 시행착오죠.
퍼티는 페인트와 마찬가지로 얇게 여러 번 입혀주어야 합니다.

1. 합판과 유리로 노출된 부분 시멘트벽과 벽돌 사이사이 난 구멍과 틈을 메우기 위해 퍼티 작업이 필요합니다. 준비한 것은 외부용 퍼티인 '아크릴릭 필러'입니다.
2. 샤워기 거치대가 있던 자리, 못질로 구멍이 난 부분들을 퍼티로 채우고 고무 헤라로 면을 매끈하게 만듭니다.
3·4. 마감이 울퉁불퉁하거나 훼손이 심한 벽면은 전체적으로 퍼티를 고르게 펴 바릅니다.
5. 유리와 합판의 접합부위는 특히 꼼꼼하게 작업하고
6. 아예 퍼티로 덮어줍니다.
7. 많이 거친 면들은 사포로 샌딩합니다. 아크릴릭 필러는 핸디 코트와 달리 접착력이 매우 우수하기 때문에 샌딩이 거의 안 됩니다. 펴 바를 때부터 깔끔하게 작업하는 것이 추후에 덜 힘듭니다.

1
2
3
4
5
6
7
8
9
10

8 면에 따라 2~3회 정도 퍼티 작업과 굳히기를 반복한 하는 동안

9-10 초강력 젯소로 퍼티 작업이 필요 없는 부분부터 전체적으로 칠합니다. 퍼티 작업이 끝난 부분도 젯소로 한번 더 마감한 후 완전히 마르면 페인트 작업으로 넘어갑니다.

5. 페인트칠로 벽과 천장 마감

 던에드워드 에버쉴드 반광(외부용 페인트 세 컬러), 브러시, 롤러, 마스킹 테이프

1-2 원하는 컬러로 조색해온 페인트를 모서리부터 칠하기 시작합니다. 모서리와 홈이 있는 부분은 붓으로, 넓은 면은 롤러로 작업하는 것이 편리합니다.

3 포인트가 될 민트색으로 벽돌로 된 벽과 천장을 2~3회 칠합니다. 페인트를 여러 번 칠할 때는 반드시 완전히 말린 후 칠해야 합니다.

4 아이보리 컬러를 칠하기 위해 벽 모서리는 마스킹 테이프로 보강합니다.

5 역시 롤러로 하기 어려운 부분은 붓으로 먼저 칠한 후 넓은 면은 롤러로 쭉쭉!

6-7 초강력 젯소로 페인트 접착력을 늘려줬기 때문에 2회 정도면 색상이 깔끔하게 나오나, 경우에 따라 미흡하거나 페인트 작업 중 오염된 부분은 3회까지 칠하면 됩니다.

8 역시 페인트 작업의 화룡점정은 마스킹 테이프를 떼는 순간이죠. 희열을 느끼며 조심조심 떼어냅니다. 테이프 사이로 페인트가 스며든 부분은 작은 붓으로 터치해서 마무리합니다.

6. 해바라기 샤워기 설치

 인터넷에 구입한 해바라기 샤워기 세트, 해머 드릴, 망치, 몽키 스패너, 연필, 커터칼, 테프론 테이프

1. 인터넷에서 3만 원대에 구입한 해바라기 샤워기입니다. 제품을 받으면 부속이 다 왔는지 설명서를 참고하여 확인합니다.
2. 샤워 바를 고정할 위치를 잡고 벽에 구멍을 뚫을 자리에 연필로 표시를 합니다. 상단 2개, 하단 2개로, 구멍을 낼 곳은 총 4포인트입니다.
3. 해머드릴을 이용해 과감하게 구멍을 뚫습니다.
4. 망치고 통통 두드려 칼블록을 꽂고 튀어나오는 부분은 커터칼로 손 다치지 않도록 조심히 잘라냅니다.
5. 다시 샤워 바 고정대를 들어 나사못으로 벽에 단단히 부착합니다. 그러면 샤워기 부착은 끝납니다.

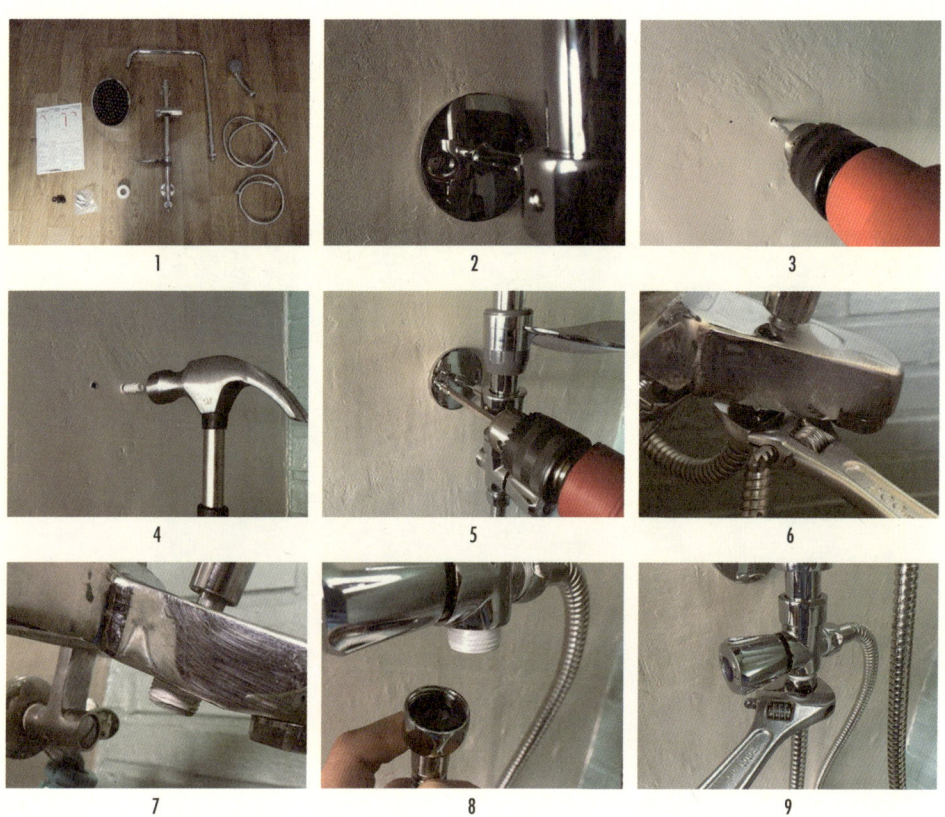

6   수도꼭지에 연결되어 있던 기존 샤워기를 분리합니다.
7   그 자리에 샤워줄을 이용해 해바라기 샤워기와 수전을 연결합니다.
8   모든 샤워줄 연결 부위는 테프론 테이프(누수 방지 테이프)를 감고 고무패킹을 꼭 끼워서 연결합니다.
9   몽키스패너를 이용해 단단히 조여줍니다. 물이 잘 흘러나온다면 완성!

7. 조명 설치

 인터넷에서 구입한 조명 세트, 해머 드릴, 연필

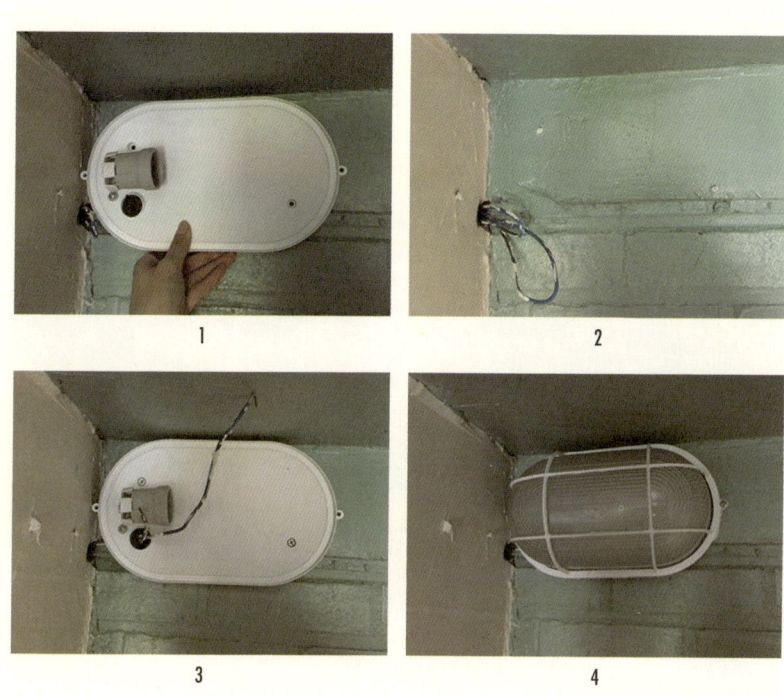

1 먼저 조명을 설치할 위치를 잡고 못을 박을 부분에 연필로 표시를 남깁니다.
2 드릴로 구멍을 뚫고 칼블록을 꽂습니다. 샤워기 설치와 동일한 방법입니다.
3 전선을 먼저 빼두고 드릴과 나사못을 이용해 조명 바디를 벽에 부착합니다. 그리고 전선 2개를 각각 소켓과 연결합니다.
4 방수가 되는 조명 캡을 씌우고 바디와 캡을 나사로 연결하면 조명 설치 끝!

8. 거울 설치

 길에서 주운 거울, 목재소에서 얻은 각재(730mm) 1개, 아크릴릭 필러, 초강력 젯소, 페인트, 브러시, 꺽쇠, 물음표 스크류, 해머 드릴, 연필, 수평계, 실리콘, 글루건

1 인터넷 쇼핑을 하던 중 모던하고 물에 젖어도 괜찮은 거울을 구입했습니다. 그런데 배송받고 보니 거울 무게가 장난이 아닙니다. 그 거울을 유리에 보강한 12T짜리 합판에 설치했다가는 언제 떨어져서 샤워 중인 제 발등을 찍을지 알 수 없습니다. 그래서 아쉽지만 반품하고 거울을 어떻게 할까 고민하던 중, 또 집 근처 길가에서 누군가 버린, 최소 15살 이상은 되어 보이는 거울을 발견했습니다.

2 집으로 들고 와 프레임과 거울을 과감히 분해했습니다. 거울 판만 부착한다면 물이 많이 튀어도 문제없고 무엇보다 가벼워서 떨어질 걱정은 없습니다.

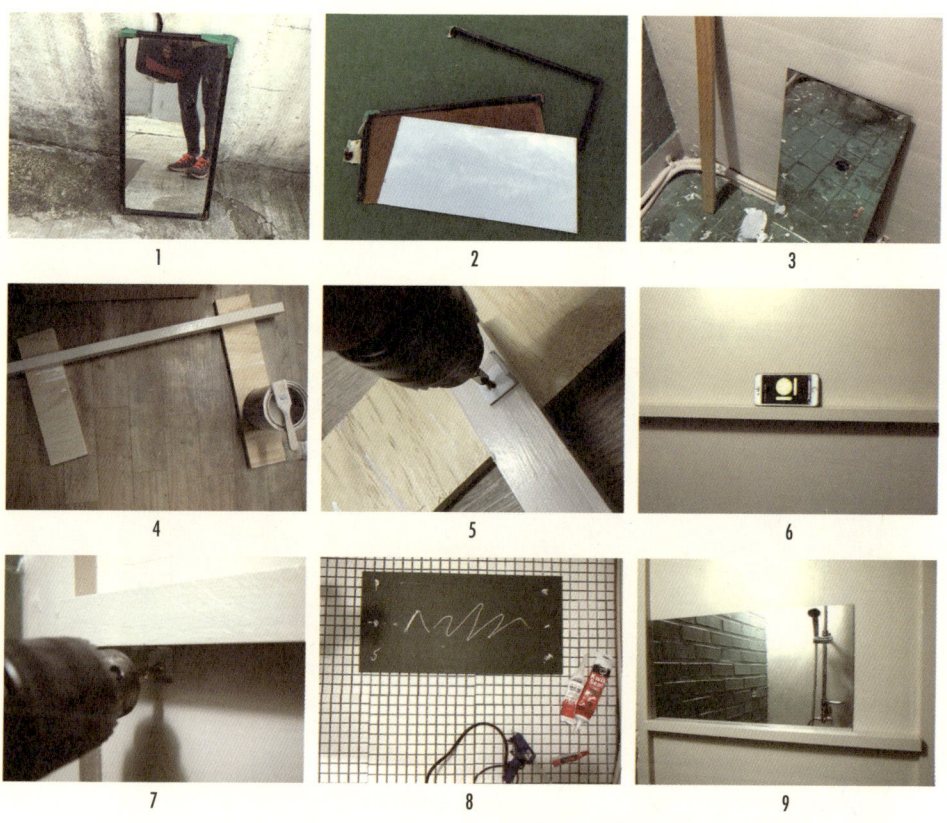

3-4   화장실 창 프레임 안에 딱 맞아떨어지는 가로 730mm의 각목과 주워 온 거울을 물기 없이 준비합니다. 각목은 화장실 벽과 마찬가지로 퍼티, 젯소, 페인트순으로 2회씩 칠과 건조를 반복합니다.

5-6   페인트가 완전히 마르면 양 끝에 꺽쇠를 부착합니다. 설치할 위치를 정하고 수평계를 이용해 수평을 맞춥니다.

7-8   나사못을 이용해 각목을 보강한 벽면에 고정하면 각목도, 거울도, 가벼워서 떨어질 걱정은 없습니다. 거울 뒤편에 실리콘과 글루건을 잔뜩 뿌립니다.

9   각목 윗벽에 붙여주면 완성. 각목 아래에 물음표 스크류를 끼우면 샤워볼 고리로 사용할 수도 있습니다.

9. 바닥 타일 작업

 모자이크 타일 16장, 압착 시멘트(타일 부착용 5kg), 홈멘트(줄눈용 3kg), 고무 헤라, 뿔 헤라, 스펀지, 가위

모자이크 타일은 약 30cm×30cm 크기의 그물망에 작은 타일들이 붙어 있는 형태라 메지가 많아 물때가 많이 낄 수 있다는 단점은 있지만,
타일 하나하나가 작아서 따로 커팅을 할 필요가 없다는 엄청난 장점이 있습니다.
타일을 커팅하려면 그라인더나 타일 커터가 필요한데
1.5평도 안 되는 작은 공간을 작업하면서 그런 것까지 구입하는 건 아깝기도 하거니와
타일 자르는 게 보통 힘든 일이 아니라기에 일찌감치 포기했습니다.

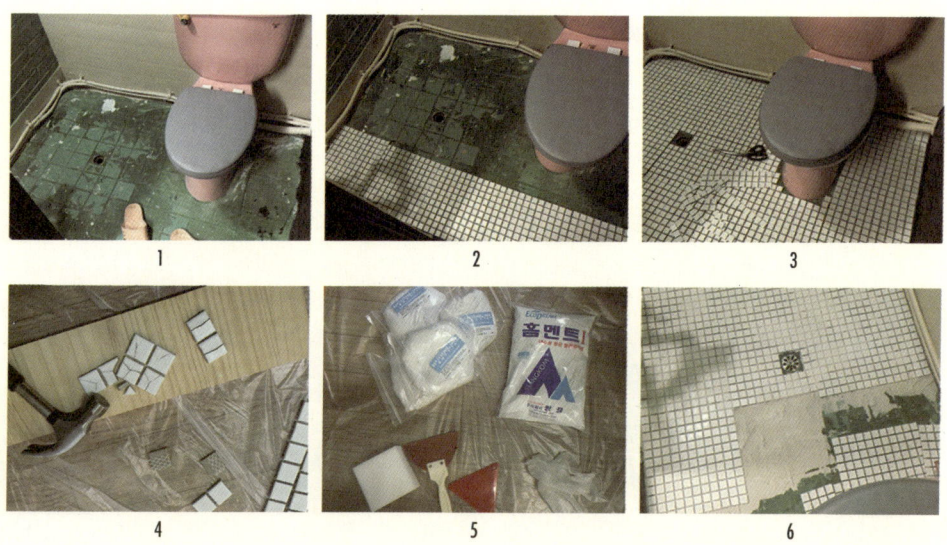

1   며칠 동안 물을 쓰지 않아 바닥이 완전히 건조된 상태입니다. 바닥에 먼지가 있으면 타일 부착에 방해가 되므로 지저분한 것은 헤라로 긁어낸 후 깨끗이 쓸고 청소기로 구석구석 먼지를 빨아냅니다.

2   타일을 바닥에 올려 자리를 잡아봅니다.

3   가위로 타일의 그물을 오려가면서 바닥 모양에 맞게 재단합니다.

4   남은 타일 중 몇 개는 망치로 조각을 냅니다. 나중에 유용하게 사용할 예정입니다.

5   먼저 압착 시멘트를 물과 섞어 치약 정도의 농도로 잘 갭니다. 저는 물을 너무 많이 넣어 좀 질어진 탓에 작업이 더 어려웠는데 조금씩 물을 넣어 섞으면서 농도를 맞추면 실수를 줄일 수 있습니다. 제 경험에 의하면 1kg당 250~300cc 정도가 적당합니다.

6   구석부터 압착 시멘트를 바닥에 턱 올리고 뿔 헤라를 이용해 2~3mm 두께로 바르고 타일을 얹습니다. 너무 두껍게 바르거나 타일을 너무 세게 누르면 타일 사이로 압착 시멘트가 올라와서 추후에 닦아내고 긁어내는 이중 작업을 해야 하니 주의하세요.

7 4번의 타일은 변기 주변 곡선이 있는 곳에 붙여 틈을 메웁니다.
8 타일 부착이 완료되었습니다. 6~7시간 정도면 굳는다고 하는데 저는 시멘트가 조금 질어서 걱정된 탓에 하루를 꼬박 굳혔습니다.
9 다 굳은 후 메지를 넣기 전 타일 사이에 압착 시멘트가 많이 삐져나온 부분은 헤라와 커터칼로 긁어내고 가루가 남지 않도록 청소기로 깨끗이 빨아들입니다.
10 압착 시멘트와 비슷한 치약 정도의 농도로 물만 섞은 백시멘트(줄눈제)를 충분히 혼합하여 준비합니다.
11 구석부터 고무 헤라로 한 덩이 툭 얹어놓고 장갑을 낀 손으로 사이사이 꾹꾹 눌러 메지를 메웁니다.
12 다시 한 번 메운 부분을 고무 헤라를 이용해 꼼꼼히 채우고 타일 위에 묻은 줄눈제도 정리하면서 바닥의 모든 틈을 메웁니다.
13 물 빠지는 쪽은 간단하게 백시멘트로만 마감했습니다. 단이 좀 더 높아져서 물빠지는 데는 문제없을 것 같네요.
14 줄눈제가 완전히 굳기 전 스펀지에 물을 묻힌 다음 타일 표면을 살살 닦아줍니다. 그러면 타일 작업 끝. 여유를 두고 하루 이틀 정도 화장실 사용을 금합니다. 집에서 씻을 수가 없는 관계로 동네 목욕탕을 열심히 다녔습니다. 화장실 공사 덕분에 오래간만에 때도 빼고 광도 냈습니다.
15 그렇게 줄눈까지 완전히 굳으면 정말 끝입니다. 뽀얀 바닥이 화장실을 한껏 화사하게 만들어주네요. 앞으로 샤워할 때마다 바닥에 닿을까 벽에 닿을까 조마조마하지 않아도 된다는 사실이 가장 기쁩니다.

10. 선반과 소품으로 분위기 내기

화장실 공사의 마지막 과정으로, 보강해놓은 합판에 선반과 메시망을 달아
욕실에 필요한 세면도구와 간단한 소품들을 놓아줄 겁니다.

합판으로 선반 만들어 달기

1

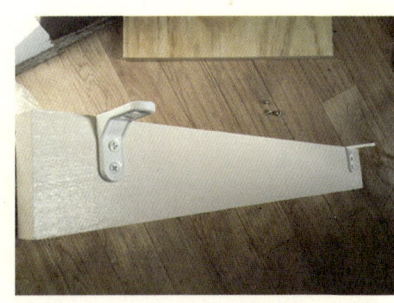

2

3

1   목재소에서 얻어온 자투리 합판을 730mm 길이로 자르고 퍼티, 젯소, 페인트순으로 2회씩 칠합니다.

2   페인트가 완전히 마르면 나사못을 이용해 꺽쇠를 합판에 고정합니다.

3   유리 위에 보강해놓은 합판에 2를 부착(거울 설치 시와 동일)하면 선반이 완성됩니다.

다이소 네트망 달기

1

2

3

1 네트망이 설치될 위치를 잡고 연필로 못 박을 두 곳을 표시합니다.
2 짧은 나사못 두 개를 약간 튀어나오게 박습니다. 합판이기 때문에 드라이버로 돌려가며 넣어도 충분합니다.
3 네트망을 걸고 철망 트레이도 함께 연출합니다.

철제 선반 달기

1

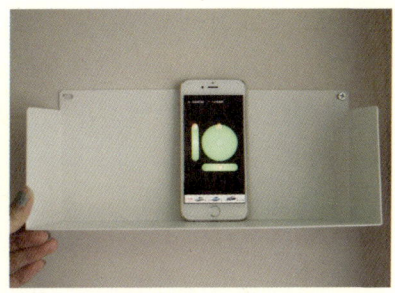

2

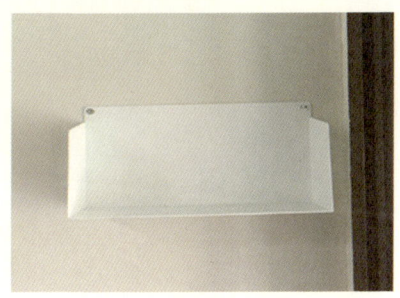

3

1   인테리어 소품샵에서 보고 반해서 구입한 철제 선반입니다.
2   설치하고자 하는 위치를 잡고 한쪽만 나사로 먼저 고정합니다. 수평계를 올려 수평을 맞춘 후 다른 한쪽도 고정하면
3   완성입니다.

잘 고른 소품 하나는 공간에 생기를 불어넣지요.
욕실에 꼭 필요한 소품들을 단순히
필요에 의해 채워넣기만 하는 것이 아니라
조금만 더 신경 쓰면 효율적일 뿐 아니라
심미적인 효과까지 동시에 얻을 수 있습니다.

제 시공법은 전문 업체의 방법과 다릅니다.
제대로 된 방법으로 시공을 하려면 업체를 불러
방수부터 다시 시작했어야 할지도 모릅니다.
그러면 금액은 천정부지로 오를 텐데, 월세집에,
더군다나 샌드위치 패널로 만들어진 공간에 그 정도로
무리할 필요는 없었습니다.

하지만 점차 들어가기도 싫어지는 화장실을 정석은 아니더라도
찝찝하지 않게 쓸 수 있는 공간으로 만들자는 게 목표였고,
주인집 할머니께도 셀프 시공 전 사진을 보여드리며 허락을 구한 끝에
업체에 문의도 하고 인터넷에서 많은 자료를 보면서
금액적으로나 물리적으로 제가 할 수 있는 선에서
가장 합리적인 방법으로 시공한 것입니다.

그래서 과연 페인트가 얼마나 유지될지,
곰팡이는 얼마나 억제될지는 누구도 확신할 수가 없습니다.
다만, 그전에는 청소해도 티가 안 나서 아예 화장실 청소는 하지 않았다면
앞으로는 정리된 화장실을 유지하기 위해 제가 더 관리하겠지요.

페인트칠을 하고 타일을 새로 붙이는 것이 끝이 아니다. 결국 인테리어는 공간을 사용하는 사람의 생활 패턴에 맞춰 작은 소품 하나하나 고르고 동선이 가장 편리한 장소에 두는 모든 과정과 거기서 만들어지는 조화로움을 표현하는 단어가 아닐까.

화장실이 변해가는 과정은 천천히
블로그를 통해 이야기 나누도록 하겠습니다.
화장실 타일, 페인트 셀프 인테리어의 상용 가능성에 대한
실험 대상자가 된 것 같네요.

셀프 인테리어를 하는 분들은 대부분 그럴 겁니다.
업체에 맡겨 큰 비용을 들일 정도의 부담은 싫고,
현 상태를 유지하는 것보다 조금 수고하더라도,
조금 미흡하더라도 직접 하자고 각오할 테죠.
또 그 안에서 저처럼 재미를 찾는 사람도 있을 거고요.

완벽하지는 않지만 하나하나 직접 고민하며,
직접 몸을 움직여 만들어냈기 때문에
내 공간에 더 애정을 쏟게 되는 것.

그게 셀프 인테리어의 매력이 아닐까요?

죽은 공간을 살리는
벽과 천장

같은 크기의 공간이라도
어떻게 활용하느냐에 따라 효율성은 극명하게 차이를 보입니다.
물론 여유 있는 크기의 햇살 들어오는 방에 킹사이즈 침대 하나,
고풍스러운 고가구 수납장 하나 놓을 수 있다면
여백의 미를 한껏 즐기며 살 수 있겠지요.
하지만 현실 속 전월세 주거 공간들의 크기는 고만고만합니다.
흔한 4~8평대의 원룸들은 기본 옵션 가구를 놓고 나면
내 한 몸 뉘이기 벅찬 곳도 많죠.
저희 집은 일반 원룸에 비해 큰 편이지만 혼자 사는 살림이라 하더라도
하루가 다르게 불어나는 짐들을 다 수용하기엔 턱없이 부족합니다.
그래서 항상 치열하게 효율적인 수납 방법을 고민하게 됩니다.

자취의 시작과 함께 7년에 걸쳐 좁은 공간을 효율적으로 사용하는 방법을
나름대로 고심해봤습니다.
그중 가장 중요한 것이 바로 '벽과 천장을 활용하라!'입니다.
일반적으로 우리가 사용하는 가구들은 거의 바닥에 '놓는 것'들이기 때문에
수납을 위해 두는 가구 크기만큼의 바닥 면적을 기본으로 차지하게 됩니다.
바닥은 한정되어 있는데 모든 걸 바닥에 '놓습니다.'
물건이란 '매달 수도' 있고 '걸 수도' 있는데 마냥 '놓기만' 하니까
공간을 사용하는 데 한계가 더 큰 것이죠.

물론 대부분의 세입자들은 집주인의 눈치를 보며 벽에 못하나 쉽게 박지 못하지만
집주인과 잘 합의하면 벽면을 훨씬 넓게 활용할 수 있습니다.
제가 메이크업 코너를 꾸민 벽면이 단적인 예가 됩니다.
같은 크기의 방 두 개를 놓고 비교해봅시다.
하나는 인터넷 쇼핑몰에서 쉽게 구할 수 있는 화장대를 두었고
또 다른 방 하나는 찬넬 선반을 달고 그 위에 거울을 올려 화장대를 만들었습니다.

전자는 수납할 수 있는 공간이 화장대 하나로 끝이지만
후자는 충분한 화장대 공간을 확보하고도
책을 여러 권 수납하고, 액자, 탁상 달력, 향초를 디스플레이하고,
거기다 아래쪽에 가방과 매일 사용하는 헤어드라이어까지 걸 수 있습니다.
그러고도 바닥 쪽에는 공간이 빕니다.
저의 경우 지압판이나 체중계 같은 것들을 두는 여유 공간으로 사용합니다.
공간은 활용하기 나름입니다.
우리에게 같은 크기의 넓지 않은 공간이 주어졌습니다.

공간에 끼어 사시겠습니까?
공간을 활용하시겠습니까?

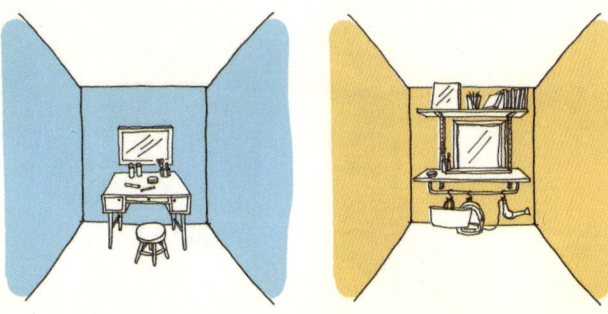

좁은 방에도 찬넬 선반을 설치해볼까요?

고정할 벽조차 없는 주방에도
저는 기어이 찬넬 선반을 만들어 달았습니다.

언젠가부터 셀프 인테리어계의 샛별처럼 등장한 아이템이 바로 찬넬 선반입니다.
조금 더 자세히 찬넬 선반을 들여다보면, 긴 철물 기둥을 주축으로 하여
최소 2열 이상부터 원하는 만큼 벽에 세로로 고정하고,
찬넬 받침을 기둥 홈에 끼운 뒤 상판을 얹어 사용하면 됩니다.

찬넬 선반은 벽에 최소한으로 구멍을 뚫으면서
사용자가 원하는 높이에 원하는 갯수의 선반을 만들 수 있고,
세로 기둥은 고정되어 있되,
가로 선반의 높이와 갯수는 변형이 쉽다는 장점이 있죠.

주방의 가스레인지 하부장을 보셔서 아시겠지만
저는 가구의 멀티플레이화를 지향합니다.
따라서 찬넬 선반은 그 자리에 고정되어 있으되
변화하며 행거, 책장, 화장대, 선반 등
다양한 역할을 충실히 수행하고 있습니다.

찬넬 선반은 무엇을 올리느냐에 따라
공간을 자유자재로 활용할 수 있는
아주 유용한 인테리어 아이템입니다.

책장, 인테리어 소품을 위한 선반, 화장대, 가방 걸이. 벽 한쪽 면에 자리 잡은 찬넬 선반의 기능들이다. 벽에 구멍이 생긴다는 단점만 감안하면 수납력, 응용력, 그리고 카페에서나 보던 꽤 있어 보이는(?) 비주얼까지 갖춘 수납 아이템을 내 집에도 들여놓을 수 있다.

찬넬 선반 설치하기

찬넬 기둥, 찬넬 받침, 나무 상판, 나사못, 칼블록, 해머드릴(콘크리트용 비트), 수평계, 망치, 커터칼, 펜

1. 필요한 길이의 찬넬 기둥과 필요한 만큼의 찬넬 받침을 준비합니다. 인터넷 철물점에서 쉽게 구할 수 있고, 기본 컬러인 은색뿐만 아니라 흰색, 검은색으로 도색된 제품도 있습니다.

2. 찬넬 부속을 설치하기 전 찬넬 상판으로 구입한 나무는 적당히 사포질하여 바니시로 1~2회 칠하여 마감합니다. 나무의 오염과 긁힘을 방지하기 위함입니다.

3-4. 찬넬 기둥이 고정될 위치를 잡고 구멍이 뚫릴 위치를 펜으로 표시합니다. 찬넬은 잠시 내려두고 콘크리트용 비트를 끼운 해머드릴을 이용해 과감하게 구멍을 뚫습니다. 구멍 뚫을 위치 바로 아래에 가로로 접은 포스트잇을 붙여두면 콘크리트를 뚫으며 나온 가루를 포스트잇이 받아줘서 작업 후 청소하기 수월합니다.

5. 뚫린 구멍에 나사를 고정하기 위해 먼저 칼블록을 끼웁니다. 약간 빡빡할 테니 망치와 같은 단단한 물체로 살살 두드려서 구멍에 꽉 끼워주세요.

6-7. 칼블록이 남은 부분은 커터칼을 눕혀서 잘라냅니다. 찬넬을 고정하려는 위치에 맞춰 들고 구멍에 나사못을 끼운 후 벽에 고정합니다.

8. 현재는 하나의 기둥만 고정한 상태이므로 나머지 기둥을 설치해야 하는데 설치 전 미리 재단해둔 상판을 얹고 수평계를 올려 수평을 맞춘 후 나머지 레일도 위와 같은 방법으로 고정합니다.

9-11. 원하는 위치에 찬넬 받침을 끼웁니다. 나머지 기둥에도 찬넬 받침을 끼워줍니다. 나무 상판을 얹어주면 원하는 모양의 찬넬 선반 완성입니다.

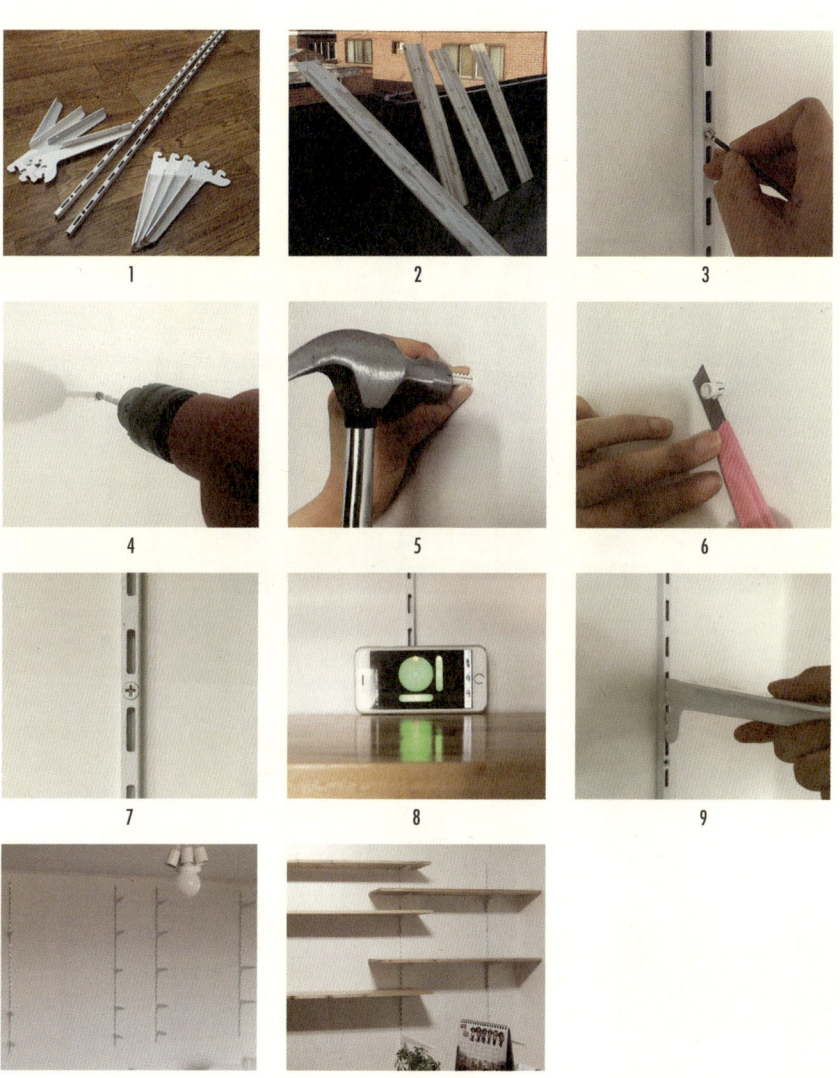

훤히 드러난 천장을 활용해볼까요?

우리가 쓸 수 있는 공간이 바닥과 벽뿐이라고 생각한다면 큰 오산입니다.
육면체의 방은 하나의 바닥 네 개의 벽이 둘러싸고 있고
천장이라는 중요한 면도 있습니다.

일반적으로 천장은 그냥 조명이 고정되어 있는 뚜껑(?) 정도에 지나지 않죠.
하지만 어느 작은 공간 하나 허투루 쓸 수 없는 단칸방에 사는 저로서는
이 공간마저도 철저하게 활용해야 합니다.

바닥에 행거를 두고 남는 윗부분의 공간 역시
천장 고정형 행거를 이용해서 옷을 더 걸고,
수건걸이를 이용해서 가방을 걸어 보관했습니다.
동네 옷가게에서 흔히 볼 수 있는 디스플레이 방식을
따라 했다고도 볼 수 있겠네요.

눈에 보이는 물건들을 지저분하지 않게 정리하면서도
수납의 역할까지 할 수 있으니 일석이조입니다.

천장 행거 설치하기

저는 천장에 고정하여 사용 중이기 때문에 편의상 천장 행거라고 부르지만, 시중에서는 파이프 행거, 벽면 행거로 더 많이 불린답니다.

 천장 행거, 나사못, 연필, 전동 드릴(천장이 목재일 경우 드라이버로도 가능. 대부분의 천장은 목재로 마감된 경우가 많습니다)

1

2

3

1   천장 행거를 고정하고자 하는 위치에 행거를 대고 나사못이 들어갈 위치 여섯 포인트를 연필로 표시합니다.

2   잠시 행거를 바닥에 내려놓고, 못이 들어가기 쉽도록 먼저 조금씩 구멍을 뚫습니다.

3   전동드릴(혹은 드라이버)을 이용하여 행거를 천장에 고정합니다.

우드월,
예상치 못했던 한 수

옥탑방으로 이사 오기 전 1층 투룸의 자취방은 벽 한쪽 면이 민트색인 데다
컬러풀한 소품도 굉장히 많은, 다양한 색깔을 활용해 꾸몄던 집이었습니다.
한번 요란하게 살아봤으니 '다음에 이사 가는 집은 하얀색을 기본으로 하고
삼나무와 약간의 노란색을 가미하여 포근하게 꾸며야지'라고 생각했죠.
그리고 완전히 새로운 분위기의 옥탑방으로 이사를 오면서
로망이었던 가구를 만들기 위해 재료를 구입했습니다.

2440mm × 1220mm 크기의 삼나무 집성목을
공간박스 위에 얹고 그 위에 매트리스를 올려놓는 DIY 침대.
이 침대를 만들 목적으로
삼나무 집성목 원판(2440mm × 1220mm × 24mm) 하나를 통째로,
4층 옥탑 계단을 낑낑대며 들고 올라왔는데
막상 가지고 와보니 더 하고 싶은 가구 배치 아이디어가
마구 떠오르지 뭐예요.
그래서 원래의 목적은 포기하고 사선으로 가벽을 만들고 책상을 배치했습니다.
그러고 보니 가까스로 들고 온 크디 큰 나무가 쓸 데도, 둘 곳도 없어졌습니다.

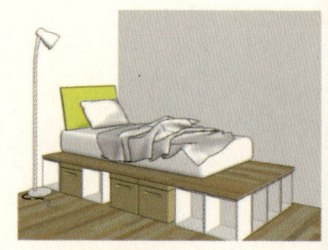

자르긴 아깝고, 별다른 아이디어가 떠오르지 않아
그냥 벽에 세워서 고정시켜버렸습니다.
그랬더니 어머나, 나무 판 하나가 이렇게까지 공간의 분위기를 업시켜줄 줄이야.

간단하게 우드월 설치하기

 삼나무 집성목 24T 원 장(2440mm×1220mm×24mm), 각목 2개(길이 약 500mm), 나사못, 칼블럭, 해머드릴, 연필

1   원목을 세우고자 하는 벽을 정합니다.
2   콘크리트 벽에 원목을 세웠을 때 벗어나지 않는 지점의 적당한 부분에 해머드릴을 이용해서 미리 구멍을 내고 칼블록도 끼웁니다.
3   미리 뚫어놓은 구멍에 맞게 적당한 사이즈로 커팅해 둔 각목을 대고 긴 나사못을 박아 벽에 단단히 고정시켜줍니다.
4   준비해둔 원목을 세우고 원목이 고정되도록 좌우측에 하나씩 나사못을 박아줍니다.

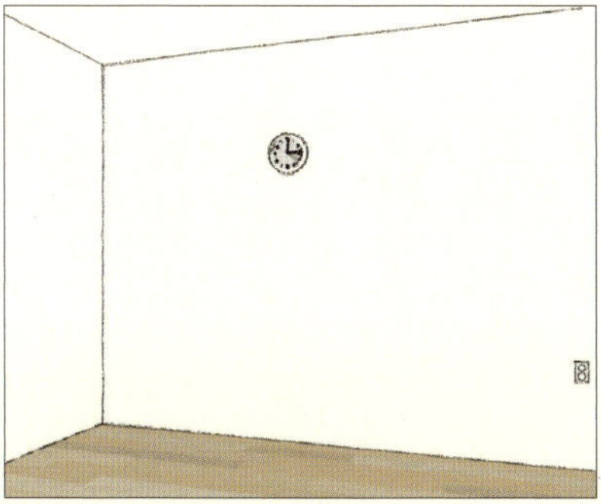

1

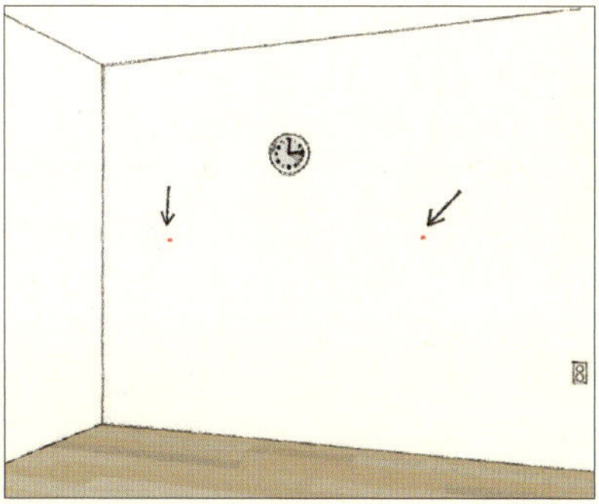

2

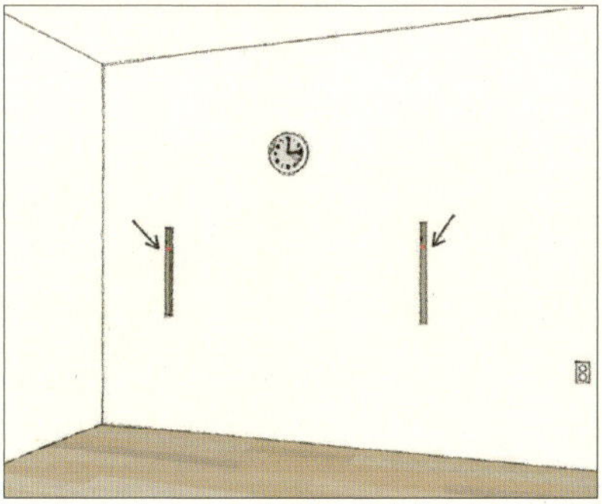

3

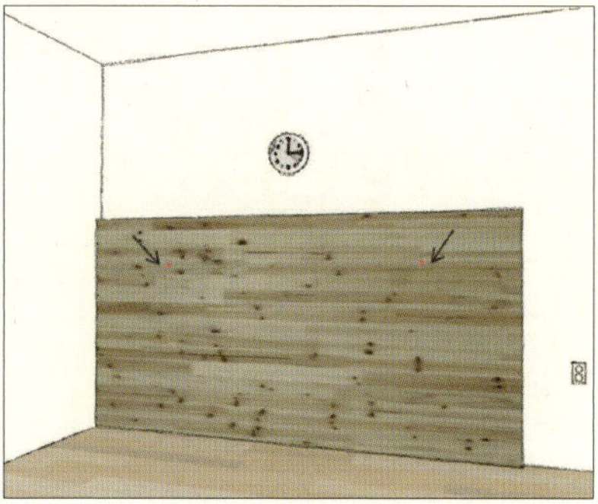

4

이렇게 하면 벽에 최소한의 구멍을 내면서 큰 원목을 단단하게 고정하여 세울 수 있다. 그리고 벽에서 3cm 정도(각목의 두께만큼) 떨어져 있어서 벽에서 뿜어져 나오는 옥탑방의 한기를 막아주는 효과도 톡톡하다.

아늑한 잠자리 만들기

준비물

삼나무 집성목 24T(1500mm×650mm×24mm) : 침대 헤드용
삼나무 집성목 18T(250mm×100mm×18mm) : 선반용
꺽쇠 2개, 나사못 4개, 전동드릴(드라이버로도 가능), 연필

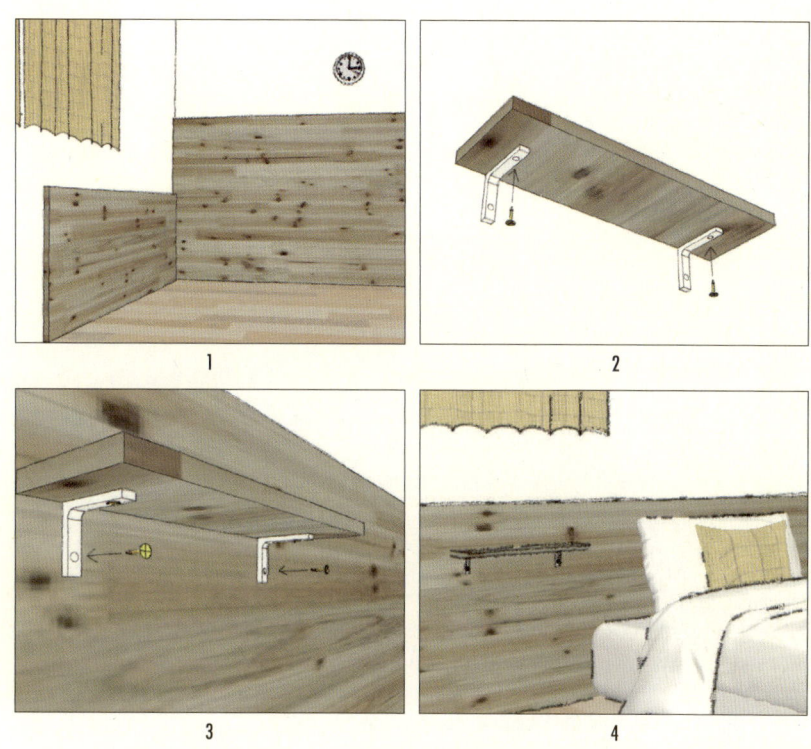

1 우드월이 이미 한쪽 벽면에 설치되었다는 가정 하에 침대 헤드로 사용할 삼나무 집성목을 머리맡에 세웁니다.

2 선반용 삼나무 집성목에 나사못을 이용하여 꺾쇠 두 개를 붙입니다.

3 2번을 1번의 적절한 위치에 나사못으로 고정합니다.

4 우드월처럼 벽에 직접적으로 고정하면 더 안정적이겠지만, 주인께 허락을 받았더라도 월셋집 벽에 못을 너무 많이 박는 것은 지양하기 위하여 그냥 매트리스의 무게만으로 지지했습니다. 두께감 있는 나무 판이고 매트리스 무게가 꽤 나가기 때문에 흔들림 없이 고정되었습니다.

침대 머리맡 쪽 벽은 찬 기운이 가장 많이 느껴지는데 이렇게 책상 맡에 나무 하나를 덧대면 아늑해 보이는 인테리어 효과와 찬 기운 차단 효과까지 누릴 수 있다.

우드월이
옥탑방 분위기에 미치는 영향

처음에는 다른 목적으로 이 옥탑방에 입성했지만,
우연히 이 위치에 고정된 채로 2년 넘게 자리하면서
옥탑방의 터줏대감이었던 우드월.

원목이 주는 따뜻한 느낌은 공간을 더욱 포근해 보이게 하는 것 같습니다.
그래서인지 참 많은 분들이 제 옥탑방 사진을 보시곤
우드월은 어디서 샀는지, 어떻게 고정했는지 물어보셨습니다.

그만큼 옥탑방 인테리어가 빛을 발하는 데 큰 역할을 한 게 이 우드월입니다.
예상치 못한 신의 한 수였죠!

우드월의 또 다른 변신, DIY 침대

 삼나무 집성목 24T (2440mmX1220mmX24mm), 공간박스 12개, 당신의 넘치는 힘!

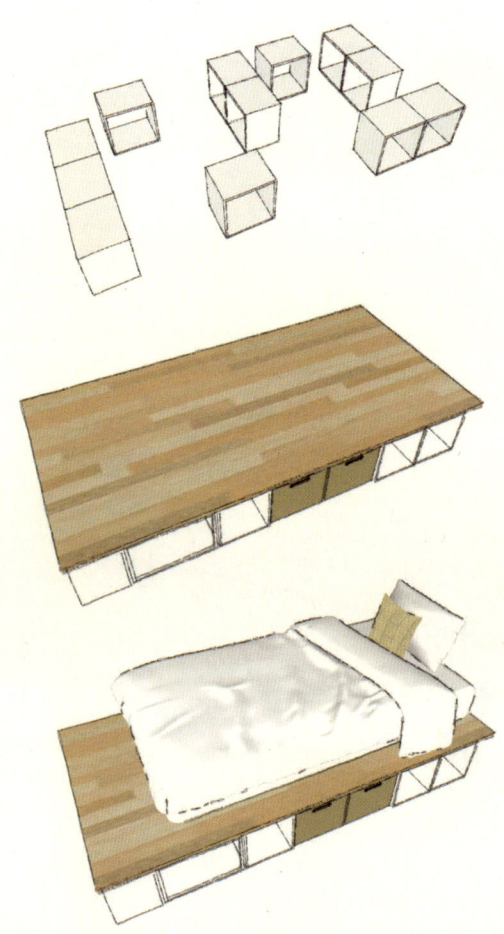

1 무게를 분산해서 받칠 수 있을 정도로 공간박스를 적절히 배치합니다.
2 커다란 우드월을 배치한 공간박스 위에 얹습니다.
3 우드월 위에 매트리스를 얹고 이불을 깔끔하게 정리해줍니다.

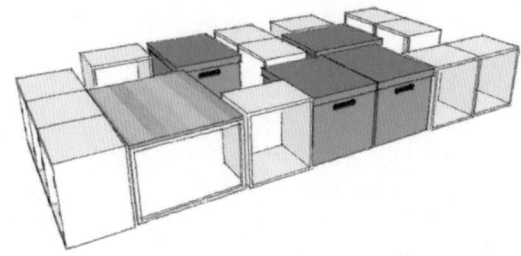

쌓아서 수납장으로 사용하던 공간박스를 이용해 침대 다리를 만든 셈입니다.

이 침대는 어마어마한 장점이 있습니다. 공간박스를 배치하고 난 사이사이 공간에 충분한 수납이 가능하다는 것!

삼나무 원장을 들면 이렇게 배치되어 있어요. 제가 창고에 쌓아놓고 주로 사용하는 종이박스 4개와 혼자 조촐하게 밥 먹을 때 사용하는 좌식용 탁자가 마치 맞춤 제작 가구처럼 침대 밑에 쏙 들어갑니다.

작은 변화로 분위기 내기 01

방 분위기를 바꾸는 커튼

이 세 장의 사진은 모두 같은 공간, 그러니까 제 옥탑방입니다.
사진이 찍힌 각도가 달라 더 명확하게 비교할 수 없어 아쉽긴 하지만
커튼으로 바뀌는 집의 분위기를 파악하기엔 충분한 것 같습니다.

인테리어에서 패브릭은
공간의 분위기를 좌우하는 데
조명만큼이나 큰 영향을 미칩니다.
특히 큰 부피를 차지하는
커튼이나 이불의 색상과 패턴은
전체적인 공간의 분위기를 좌우하기도 합니다.

소재도 중요하겠죠.
암막 커튼을 설치한 집이라면 아예 빛을 차단하고
패브릭 자체의 색상이나 패턴으로 분위기를 압도할 것이고,
은은하게 빛이 들어오는 소재라면
빛과 패브릭 색상이 만나서 연출하는 느낌 또한 색다를 거예요.

내 방에 어울리는 커튼 만들기

 천, 실, 커튼핀, 커튼봉, 패브릭 물감, 재봉틀, 스펀지, 마스킹 테이프

1. 먼저 천을 준비하고 원하는 커튼 사이즈보다 넉넉하게 재단합니다. 세로 방향으로는 35~40cm, 가로 방향은 약 15~20cm 정도 여유 있게 재단하면 충분합니다.
2. 재봉할 부분을 접습니다. 커튼 뒷면에 풀린 실이 보이지 않도록 두 번 접어줍니다.
3. 접은 부분을 재봉하기 편하도록 다리미로 눌러줍니다.
4. 재봉틀을 이용해 박음질합니다. 아래, 왼쪽, 오른쪽, 위 순서로 접고, 다리고 재봉질합니다.
5. 네 면을 재봉하면 커튼 모양이 완성됩니다. 포인트를 주기 위해 마스킹 테이프로 물감이 묻지 않아야 하는 부분을 가려줍니다.

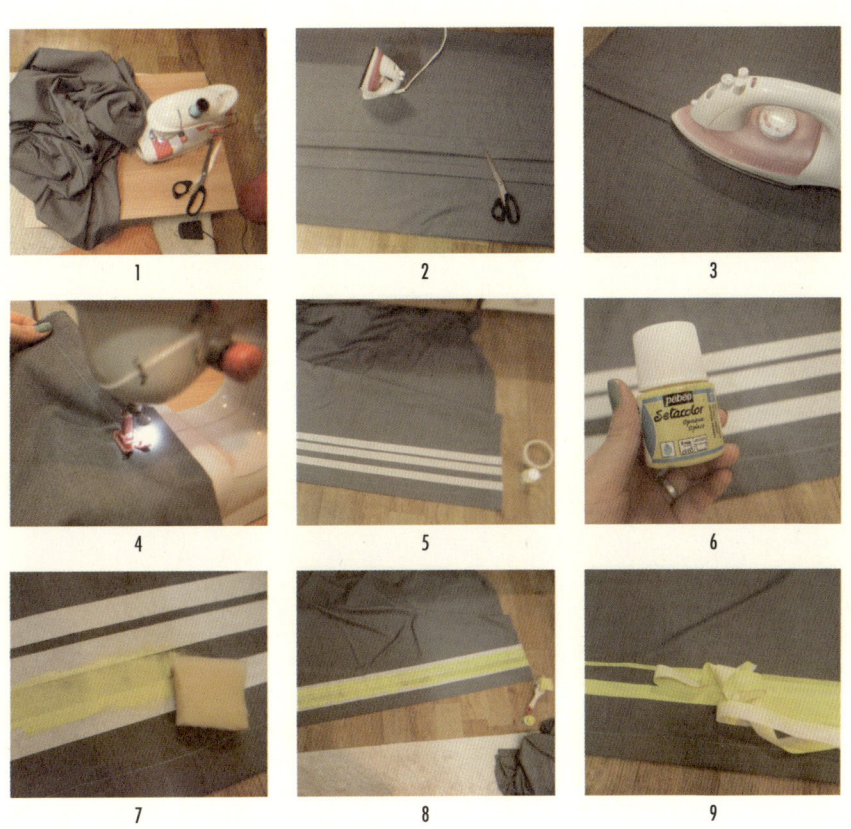

6 패브릭 전용 물감을 준비합니다.
7-8 스펀지를 이용해 물감을 톡톡 찍어 바릅니다.
9 물감이 마르면 마스킹 테이프를 떼어냅니다.

10 노란색 포인트 라인이 있는 커튼이 만들어졌습니다.
11 커튼심과 커튼핀을 준비합니다. 제가 준비한 커튼심은 폭 8cm입니다.
12 커튼의 맨 윗면을 보면 4번에서 박음질했으므로 구멍이 하나 나 있을 겁니다.
13 그 구멍으로 커튼심을 통과시키고 나머지 부분은 잘라줍니다.
14 4~8cm정도로 커튼심 부분을 접습니다.
15 커튼레일의 위치를 고려해서 적당한 위치에 커튼핀을 꼽아줍니다.

커튼레일에
포인트 라인이 잘 마른 커튼을 걸어주면
집에서도 쉽게 방 분위기를 좌우할
커튼을 만들 수 있습니다.

노란 빛의 선물, 마음까지 따뜻해지는 포근함

노란색 커튼을 달았습니다.

노란색 조명은 마음을 포근하게 만드는 효과가 있다고 합니다.
하지만 노란 등만 있을 경우
하얀 백열등에 비해 시력에 좋지 않다는 이야기가 있기도 하고,
조도가 낮은 탓에 일상생활에 지장을 줄 수도 있어요.

그래서 보통은 메인 조명은 하얀빛으로,
간접 등이나 무드 등은 노란빛을 많이 이용합니다.

제 옥탑방은 워낙 좁은 공간이다 보니 많은 조명을 사용하긴 어렵습니다.
그래서 형광등이 있던 자리에 직접 만든 천장 등을 설치하긴 했지만
역시나 밤에 눈이 편안한 적당한 조도를 유지하기 위해
흰색 삼파장 전구를 선택할 수밖에 없었죠.

그리고 남향이라 낮에는 해가 강하게 듭니다.
밝긴 하지만 뭔가 쨍하고 노골적인 느낌을 지울 수 없죠.
그래서 노란색 커튼을 만들어 달았습니다.

빛이 은은하게 새어 들어오는 노란색 커튼 덕분에
해가 가장 잘 드는 오전 11시부터 오후 2시까지
옥탑방 내부는 온통 노랗게 물듭니다.
마음이 따뜻해지고 포근해지는 순간입니다.

제가 옥탑방에서 보내는 시간 중
가장 행복에 젖어 있는 시간이기도 합니다.

작은 변화로 분위기 내기 02

새 옷을 입은 다이소 접시

종종 친구들을 불러 모아 한 상 차려놓고 파티를 즐기곤 합니다.
그러다 보니 혼자 사는 자취생 치고 많이 가지고 있는 물건들이 있어요.
친구들이 집에서 자고 갈 때 내어줄 이불과 베개가 첫 번째고,
또 손님맞이에 매우 중요한 식기를 포함한 테이블웨어가 두 번째입니다.
포크, 나이프, 스푼은 일곱 세트나 가지고 있고,
와인잔 4개, 각종 컵 10개, 수많은 접시가
종종 있는 파티를 위해 주방에 세팅되어 있습니다.

참 뭐 하나를 하더라도 구색 맞추길 좋아하는 성격이에요.
그만큼 식기 하나도 예쁜 아이템으로 주방에 들여놓고 싶지만
예쁘고 좋은 것은 비싸기 마련이고, 자취생 주제에 이 많은 것들을
욕심껏 예쁜 아이템으로 사들이다가는 통장 잔고가 남아나지 않을 겁니다.
이럴 때 빛을 발하는 게 DIY겠죠.

어느 날 문득 친구들과의 봄맞이 옥탑 파티에 무슨 음식을 할까 생각하다가
음식 덜어 먹을 작고 예쁜 접시가 있으면
테이블이 훨씬 풍성할 거라는 생각이 들었습니다.
바로 인터넷을 검색해 봤지만 역시 패턴과 색감이 들어간
예쁜 접시들은 가격이 만만치 않더군요. 그래서 결국,
저렴한 생필품의 천국 다이소로 향했습니다.
다이소에서 뽀얀 흰색 접시를 하나에 1,000원에 구입하고,
화방에 들러 도자기용 물감까지 사서 집으로 돌아와 접시에 옷을 입혔습니다.

친구들과의 멋진 브런치 테이블에 놓일 세상에 단 하나뿐인 접시.
매우 투박하지만 나름의 맛이 있는 옥탑방과 너무나 잘 어울리는 아이템입니다.

저렴하고 특별한 접시 만들기

준비물 1,000원짜리 다이소 접시, 도자기용 물감, 붓 혹은 이쑤시개 등 원하는 무늬를 그릴 수 있는 도구, 미니 오븐

준비하기
천 원짜리 다이소 그릇을 준비하고 접시에 그릴 무늬를 종이에 먼저 그려봅니다.

첫 번째 접시
붓을 이용해 접시 테두리를 빙 둘러 선을 그었습니다.

두 번째 접시
스트라이프 모양을 내기 위해 물감이 묻지 않았으면 하는 부분은 마스킹 테이프로 가린 후 물감을 펴 바르고 마스킹 테이프를 떼어냅니다.

세 번째 접시
이쑤시개 끝에 물감을 묻혀 가운데부터 점을 콕콕 찍어 모양을 냈습니다.

네 번째 접시
세 번째와 마찬가지로 이쑤시개를 이용해 접시 테두리 쪽을 빙 둘러 점선을 그었습니다.

접시 굽기
패턴을 그린 접시를 살짝 자연건조한 후 150℃로 예열한 오븐에서 30분 정도 굽습니다. 그러면 음식을 담거나 세척을 하는 데도 무리 없어요!

도자기용(세라믹) 물감으로 그리다 망쳤을 경우, 완전히 마르기 전이나
굽기 전에는 물로 씻어내고 마른 건 긁어내면 잘 지워집니다.
지우고 다시 그리면 되니 그림을 못 그리더라도 시도하는 데 부담이 없습니다.
또, 정말 세상에 하나뿐인 접시이기 때문에 조금 못 그리거나 망친 그림도
매력적으로 느껴지더라고요!
아이들과 집에서 함께 만들어보면 좋은 놀이가 될 수도 있겠네요.

직접 만들고 장기간 사용해본 결과
음식을 담고 설거지하는 정도로는 그림이 까지지 않고 잘 유지되는데
이 접시에 포크나 나이프를 힘주어 사용할 경우에는
구운 물감이 벗겨지기도 합니다.

작은 변화로 분위기 내기 03

생기를 더해주는 셀프 꽃꽂이

지방에 출장을 갔다가
서울 고속버스터미널에 도착한 시각은 새벽 1시.

서둘러 집으로 돌아가려다
문득 고속터미널 한쪽에 자리 잡은 꽃시장이 생각났습니다.
이 꽃시장은 다른 사람들이 잠드는 시간인
밤 12시에 하루를 시작하는 곳이라,
새벽 1시는 이곳 사람들이 가장 활기찬 시간일 겁니다.

너무 피곤해서 얼른 집에 들어가 발 뻗고 눕고 싶었지만,
잠시 쉬고 싶은 마음을 내려놓고 꽃시장에 들어섰더니
수많은 꽃의 화려한 색감에, 그 꽃이 발산하는 신선한 향기에,
아름다움을 파는 꽃시장 상인들의 꽃 파는 소리와
늦은 밤 혹은 이른 새벽부터 꽃을 사러 온 사람들의 오가는 소리에
시각도 후각도 청각도 정신없이 즐거워집니다.

30분, 그리고 7,000원.
꽃시장을 한 바퀴 둘러보고 마음에 드는 꽃 두 뭉치를 고른 시간과 비용.
그 작은 소비로 저의 6월 20일 새벽 1시는 힘들었던 하루의 끝이 아닌
생기 넘치는 하루의 시작이 됩니다.

별거 없습니다.

신문지에 둘둘 말아서 가져온 꽃 뭉치를 풀어
긴 가지를 조금 잘라주고 잎사귀를 정리하고,
소스, 잼을 다 먹고 생길 때마다 씻어뒀던 유리병을 꺼내서
마음 내키는 대로 꽂아줬습니다.

플로리스트의 감각적이고 센스 있는 연출이 아니면 또 어떤가요.
조금은 어설프지만 꽃 자체로,
꽃을 구경하고 고를 때의
그 묘하게 설레는 마음만으로도 충분합니다.

비록 집에 와서 사 온 꽃을 정리하고
집안 곳곳에 배치하느라
밤을 꼴딱 새긴 했지만,
집안에 놓인 싱그러운 꽃 몇 송이만으로도

생기가 집 안으로,
제 안으로
마구마구 스며드는 기분입니다.

강남 고속터미널 꽃시장

위치
서울특별시 서초구 신반포로 194
강남 고속터미널(경부선, 영동선) 3층

영업시간
생화 : 밤 12시~오후 1시
조화 : 밤 12시~오후 6시
일요일 휴무

104

낭만이 살아 숨 쉬는 옥탑

내가 꿈꿔온 로망의 8할, 옥탑 라이프

"옥탑에서 분위기 한잔할까?"
친구와 한잔하고 싶은데 소주를 마시기엔 내일 아플 속이 걱정되고,
맥주를 마시기엔 배가 부른 그런 날,
옥탑의 해가 뉘엿뉘엿 저물어 갈 때쯤 분위기를 내보자며
마실 줄도 모르는 와인 한 병을 꺼내옵니다.
동네 포장마차나 선술집이나 즐길 줄 알지 분위기 있는
와인 바와 아직 친해지지 못해 조금 어색할지 모르지만, 여긴 내 앞마당인 걸요.

답답한 일상을 벗어나 이런 마음의 여유를 찾고 즐기는 상상을 하지만,
당장 어디론가 떠나기엔 시간적으로, 금전적으로 여유가 없습니다.
물론 캠핑카도요. 그런데 생각을 조금만 달리해보면 뭐 꼭 차를 타고 멀리 가야만
힐링할 수 있는 건 아니죠.
그래서 옥탑으로 친구를 불러 모았습니다.

"우리 옥상에서 파티하자!"
옥탑에 테이블을 내놓고 식기를 세팅하고
약간의 음식을 준비하고 있으면,
친구들이 파티를 위한 음식을 들고
하나둘 등장합니다.
순식간에 가득 채워지는 테이블을 보면
벌써 눈과 입이 즐겁습니다.

해가 완전히 지고 난 옥탑의 모습은 더 낭만적입니다.
서울 하늘, 별이 좀 안 보이면 어떻습니까.
낭만만 있다면 저 멀리 아파트 불빛이 반짝이는 것도
아름다워 보일 수 있는걸요.

그 낭만에 크리스마스 전구를 더하면 이건 뭐 지상 낙원이 따로 없습니다.
어두운 저녁, 반짝이는 불빛이
혹여나 건너편 건물에 살고 있는 누군가의 조용한 밤을 괴롭히는 건 아닌가
내심 걱정도 되지만
20대 후반의 불안정한 마음을 달래는 시간이기에
마음속으로나마 이해를 구하고 낭만에 녹아들기로 합니다.

은은한 조명 하나로 분위기는 더없이 포근해지고,
조용하고 아늑한 분위기 속에 친구들과 나누는 사소한 일상 이야기까지
그렇게 재미있을 수 없습니다.

옥탑방이란 특수한 공간이 주는 혜택을 마음껏 누리며
꿈 같은 하룻저녁의 추억을 또 하나 만들어봅니다.

옥탑방에 살면서 누리는 최고의 로망 중 하나
영화 속 한 장면 같은 영화 관람

그렇게 도란도란 와인잔을 기울이다
어둠이 내려앉고 선선한 바람이 불어오고
어두워진 동네가 한없이 조용해지면
좋아하는 영화 한 편을 틀어봅니다.
빔 프로젝터가 있더라도 뻥 뚫린 옥상에는 스크린 삼을 만한 것이 없습니다.
이가 없으면 잇몸으로 부딪혀야죠.
방으로 가서 침대 위에 포근히 덮여 있던 하얀색 이불을 들고 나왔습니다.
빨랫줄에 흰 이불을 걸고 집게로 살짝 집었습니다.
이것으로 스크린 설치는 완벽합니다.
빨랫줄 너머로 보이는 주상복합아파트에 사는 사람들도 이 장면을 본다면
이 누추한 옥탑방이 부러워지지 않을까 내심 기대 아닌 기대도 해봅니다.

오늘 같이 특별한 날 선택받은 영화는 Mo' better blues.
영화 제목이 생소한 사람이라도 인터넷 창에 검색해보세요.
너무나 익숙한 재즈음악이 들릴 겁니다.
음악 제목 역시 영화 제목과 동일한 타이틀로 지어졌다고 합니다.
저와 함께 이 영화를 본 친구가 좋아하는 혜화동의 카페 이름이기도 합니다.

카펫을 깔고 쿠션들 틈에 비집고 들어가 드러누워 보는 영화 한 편.
옥탑에서 누릴 수 있는 호화로움의 절정이 아닐까 합니다.
촌스러운 초록색 시멘트가 발린 옥탑이면 좀 어때요.
지금 이곳에 살고 있기에 누릴 수 있는 특별한 경험이고 소중한 추억인 걸요.

04

사람을 닮은 공간
공간을 닮은 사람

사람을 닮은 공간, 공간을 닮은 사람 01
조금은 부끄러운 셀프 인테리어의 기록

불과 몇 년 사이에 '셀프 인테리어'라는 단어가 사람들에게 참 익숙해졌습니다.
서점에 가면 셀프 인테리어 관련 서적이
이 달의 추천 도서 코너에 여러 권 진열되어 있고
셀프 인테리어를 주제로 한 수많은 포털 사이트와 SNS 페이지들이
'좋아요'를 통해 더 많은 사람들에게 정보를 제공하고 있습니다.
이렇게 넘치는 정보들을 토대로
사람들은 자신의 집을 직접 디자인하고 그 자료를 다시 공유하여
한층 더 다양하고 톡톡 튀는 아이디어를 담은 자료들이 재생산됩니다.
그에 따라 최근엔 셀프 인테리어 관련 TV 프로그램도 생겨나고 있습니다.

셀프 인테리어가 하나의 트렌드로 자리 잡았습니다.

저는 프로페셔널하지는 않지만
꽤 어릴 때부터 인테리어에 관심을 가져왔습니다.
저에게 집은 그냥 단순히 '사는 곳'이 아니라
'살아가면서 우리 가족에게 맞게 가꿔나가는 곳'이었습니다.
초등학교도 안 들어간 어린 두 딸을 데리고
한 달에 두세 번씩 가구 배치를 바꿔가며 패브릭 하나,
소품 하나까지 정성스럽게 고르시고 꾸미시던 엄마와

책상이며 선반 같은 집안의 가구와 소품들을 직접 만드시던 아빠.
두 분의 영향이 아닐까 싶습니다.

저는 동화책이나 위인전보다 엄마가 구독하시던
〈리빙센스〉라는 잡지를 더 즐겨보던 아이였습니다.
일곱 식구가 옹기종기 모여 살았던 터라 나만의 공간은 없지만
작게는 학교 사물함 안, 내 방의 책상 위, 책장 한편이라도
물건을 예쁘게 진열하길 즐겼습니다.
나만의 공간에 대한 갈증이 풀리지는 않았지만 말이죠.

그렇게 어릴 때부터 관심은 컸지만 막상 실행하지 못했던
셀프 인테리어에 대한 욕망은
함께 방을 쓰던 언니가 스무 살이 되어 집을 나가며
처음 혼자만의 방을 갖게 된 후 본격적으로 표출되기 시작했습니다.

2007년 / 18세

삼남매 중 둘째로 태어나서 쭉 언니와 함께 방을 쓰다가
언니가 독립하며 처음으로 방을 혼자 쓰게 되었습니다. 그렇게 흥분될 수가 없었죠.
엄마에게 내가 알아서 내 방 꾸밀 테니 걱정하지 마시라고 선언했습니다.
이틀에 걸쳐 혼자 가구 다 들여놓고 인터넷 쇼핑으로 휘황찬란한 벽지를 구입해다
혼자 도배도 하고 시트지도 붙이고 페인트칠도 했습니다.
지금도 마찬가지지만 그땐 더욱더 아무런 지식 없이 마구잡이로 꾸민 거라
벽지 패턴은 하나도 안 맞았고 촌스럽고 정신없었지만
혼자 방을 쓴다는 사실이 그저 좋았습니다.

2009년 / 21세

강원도에서 서울로 올라와 언니 집에 얹혀살던 시절.
숙소 기본 아이템들이 워낙 칙칙했지만 그대로 사용해야만 했기 때문에
벽이라도 상큼하게 바꿔보자며 선택한 컬러가 핫핑크와 주홍의 중간색입니다.
정말 지금이라면 상상도 못할 색 조합이죠.
심지어 벽엔 느낌 충만하게 'My Style'이라고 필기체로 떡하니 써뒀습니다.
지금 남아 있는 저화질 사진으로만 봐도 부끄럽습니다.
어린 시절이었기에 그런 색도 끌렸을 거라 생각해봅니다.

2010년 / 22세

언니의 집을 나와 학교 앞 고시원에 자리 잡았습니다.
두 명이 눕기도 버거울 정도에 벽 한쪽은 기울어져 있었습니다.
참으로 작디작은 공간이었는데
이때는 기울어진 벽이 다락방 같다며 마냥 좋아했습니다.
1년쯤 살아보니 서울살이가 길어지며 짐도 많이 늘었고
갑갑하다는 생각이 들어 나오긴 했지만
사는 동안은 주어진 환경에 만족하며 깨알 수납에 목숨을 걸었습니다.
환경적 제약으로 인해 효율적인 수납공간 확보와
좁은 공간 활용에 대해 심도 깊게 고민했고,
그때의 경험이 지금까지도 영향을 미치고 있습니다.

2011년 / 23세

언제나 설레는 처음! 스물세 살에 저의 첫 자취방을 갖게 되었습니다.
처음이란 단어는 늘 설렘을 불러일으키지요.
특히나 바라고 바라왔던 일이 처음으로 닥쳐오면 두근거리는 마음을 주체하기 힘듭니다.
아주 어릴 때부터 혼자 사는 집을 꿈꿔왔던 저는 스물세 살이 되어서야 그 꿈을 이룹니다.
그렇게 오랜 시간 상상하고 바랐던 공간, 공덕동에 위치한 첫 번째 자취방입니다.
거실 없이 큰방과 작은방, 그리고 분리형 주방이 있던,
혼자 살기에 작지 않은 집이었습니다.
옵션이라곤 싱크대를 제외하면 아무것도 없었기 때문에
딱 2년이라는 기간을 살면서 끊임없이 뭔가 사들이고 만들어댔던 것 같아요.

내가 그린 첫 번째 도화지, 공덕동 자취방

짐을 정리하기 위해 널브러뜨려 놓은 것을 제외하면 아무것도 없이 텅 빈 모습인 집. 하얀 도화지 같은 모습입니다.

Before

처음으로 드릴도 구입해보았습니다. 드릴뿐 아니라 목재도 재단해서 처음 받아봤고, 이렇게 큰 벽을 혼자 페인트칠해본 것도 처음이었습니다. 처음이기 때문에 서툴렀지만, 처음이기 때문에 더 용감무쌍했습니다. 꽤나 강렬했던 민트색을 방의 한 면 전체에 칠해버렸고, 그 컬러는 2년 동안 공덕동 집의 정체성이 되었습니다.

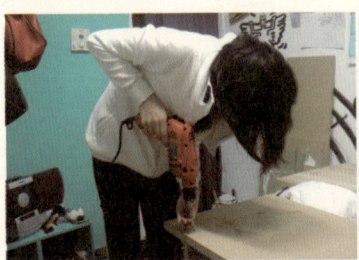
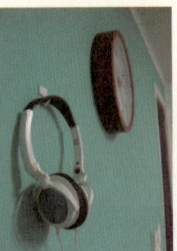

원룸의 경우 아무리 정리해도 왠지 모르게 지저분해 보이는 이유는
아마 정신 사나운 옷가지들 때문일 겁니다.
그런 점에서 이 공덕동 집은 완벽했습니다.
작은 방이 하나 딸려 있어서 옷가지와 지저분한 짐은 다 몰아넣으면 됐거든요.
그렇게 가리고 싶은 것들을 꽁꽁 숨겨놓은 후, 큰방에 남은 가구는 침대, 책상 정도입니다.

옥탑방에서 그러하듯 공덕동 집에서도 참 자주, 여러 번 가구 배치를 바꿨습니다.
공간이 달라진다고 이 성격이 어디 갈까요.
지금 옥탑방에서 사용하는 공간박스는 모두 공덕동 집에서 사용했던 걸 그대로 들고 왔습니다.
저 때도 책상다리로, 책장으로 이중적인 역할을 수행하는 자취방 터줏대감이었습니다.

디자인페어에 구경갔다 얻어온 엽서와 책자, 그리고 주워 온 캔버스로 만든 액자가 작은 코너의 공간조차 심심하지 않게 만든다.

소꿉놀이 같았던 나의 첫 주방 꾸미기

언제쯤 저는 아일랜드 식탁이 들어갈 수 있는 주방 넓은 집으로 이사 가게 될까요.
안타깝지만 이 집 역시 주방은 특히 협소했습니다.
크기로 본다면 현재 옥탑방의 주방보다도 작았습니다.
입주할 때 싱크대 우측은 아무것도 없이 텅 빈 공간이었습니다.
저는 전자레인지도 놓아야 했고 주방에서 필요한 잡다한 물건들을 수납할 공간이 절실했습니다.
그래서 전체 구조는 저렴한 MDF를, 상판은 삼나무 집성목을 이용하여
맞춤형 가구를 제작했습니다.
싱크대 높이와 딱 맞게 제작하여 수납장 겸 조리대의 역할도 함께할 수 있게 계획했고
하부에는 전자레인지와 숨겨두고픈 물건들을 넣었습니다.
여러 가지 물건들이 수납된 이 공간에 1000원짜리 커튼봉을 설치하고
커튼을 만들어 달아 현관에서 들어오자마자
지저분한 모습이 보이지 않도록 시야를 차단했습니다.

인터넷 철물점에서 수건걸이라는 이름으로 판매하는,
까만색 작은 행거를 구입하여 프라이팬과 냄비를 걸어서 보관했는데
지금 옥탑방에서도 그러하듯, 저는 조리도구는 걸어서 보관하는 걸 좋아합니다.
너무 지저분한 도구만 아니라면 인테리어 소품 효과도 있고,
세척한 후 물기만 한번 털어 걸어놓으면
자연건조도 가능하다는 장점이 있기 때문입니다.

되돌아 생각해보면 지금 옥탑방과
세세한 부분이 참 많이 닮아 있다는 생각이 듭니다.
대신 조금 더 다양하고 과감한 컬러 배합이 돋보이죠.
아무래도 지금보다 어렸기 때문인지 알록달록한 색 활용이
불편하거나 거슬리지 않았습니다.
지난 자취방을 보니 저의 과거 취향이 고스란히 느껴지는군요.

사람을 닮은 공간, 공간을 닮은 사람 02
처음 자취를 시작한 친구의 방

첫 자취방에 대한 설렘으로 두근거린 건 저뿐만이 아니었습니다.
친한 친구 한 명이 쭉 서울에서 부모님과 함께 살다가
대학 졸업 후 부모님께서는 경기도로 내려가시고
서울에 홀로 남아 자취를 시작하게 되었습니다.

사실 통학 또는 통근이 가능한 거리라 언제든지 집으로 돌아갈 수도 있지만,
하루의 10%가 넘는 시간을 도로에서 보내지 않기 위해
자취를 시작한 친구이기 때문에 저와는 입장이 조금 달랐습니다.

이 친구와 저는 성향도 많이 다릅니다.
저는 혼자 살더라도 이런저런 가구와 가전을 모두 사들이는 성격이고,
또 소품과 가구도 가능한 한 다 세팅하는 편입니다.
그래서 저희 집은 바닥부터 천장까지, 벽면 가득 다 채워져 있죠.
정말 짐이 많고 또 살면서 짐을 많이 늘리는 편인 반면,
이 친구는 최소한의 가구와 최소한의 물건을 가지고
깔끔하게 정리정돈하며 사는 삶을 지향합니다.
다행히도 옷장과 신발장은 빌트인으로 깔끔하게 들어가 있는
아주 좋은 조건의 집을 구했습니다.

진단 결과 이 친구에게 맞는 인테리어 콘셉트는
'최소한의 가구인 침대와 책상 정도만 구입하고
나머지는 비우자!'였습니다.

낡은 조명 교체하기,
누렇게 뜬 벽지는 하얀색으로 페인트칠하기,
자칫 휑해 보일 수 있는 공간에 적절하게 가구 배치하기가 전부였습니다.

하지만 비움, 그리고 간단한 페인팅 작업이
공간의 분위기를 얼마나 바꿔놓을 수 있는지는
지금부터 보여드리겠습니다.

본격 인테리어를 시작하기 전, 도화지 준비하기

분명히 원룸치고 꽤 넓은 평수인데 넓다는 느낌을 받을 수 없는 이유는
통일감 없이 잡다한 물건들이 놓여 있고, 큰 냉장고가 창문을 반쯤 가리고 있기 때문이다.
또한 여기저기 붙은 꽃무늬 시트지가 시선을 분산시켜 더 어지러져 보인다.

Before

가구를 모두 치우고 나니 원래 방의 크기가 실감된다. 오래돼서 얼룩진 벽과 시트지는 여전히 거슬린다. 페인트 작업 진도와 성공 여부의 절반 이상은 <mark>보양</mark>에 달려 있다는 건 몇 번을 강조해도 지나치지 않다. 조금 귀찮더라도 마스킹 테이프로 꼼꼼히 보양을 한다면 페인트칠할 때 튈까 염려하지 않고 한결 수월하게 작업할 수 있고, 작업을 마친 후 마스킹 테이프를 천천히 떼어낼 때의 엄청난 희열을 맛볼 수 있다. 벽 모서리를 보양한 좁은 면은 먼저 붓으로 칠하고, 그다음 넓은 면은 롤러로 시원하게 쓱쓱 밀어 거침없이 칠한다.

친구의 요구 사항은 간단했습니다.
금방 이사를 가거나 본가로 들어갈 수 있기 때문에
집 구조 자체는 절대 건드리지 않고 가구나 소품을 사는 데 큰돈은 들이지 말자!
가지고 있는 최소한의 가구로 깔끔하고 정돈된 느낌만 연출하자!
그래서 이 방에 제가 한 일이라곤 페인트칠, 조명 교체 정도가 전부입니다.
벽에 포인트 컬러도 주지 않고
지저분한 벽을 가리는 정도의 화이트 페인팅만 했습니다.

하얀 벽, 하얀 커튼, 하얀 카펫, 하얀 침구.
그럼에도 덜 심심해 보이는 건
눈에 딱 띄는 까만 쿠션과 까만 스탠드,
그리고 벽에서 반사된 빛의 퍼짐 덕분입니다.

못생긴 형광등은
모던한 팬던트 조명과 레일등으로 교체했습니다.
크게 전기 공사를 하지 않았는데
조명 교체만으로도 한결 정리된 느낌입니다.
그리고 이케아의 접이식 책상을 사선으로 배치하여
너무 허전해 보일 수도 있는 공간을 느낌 있게 채웠습니다.

인테리어라는 게 꼭 채워야만 하는 건 아님을 보여줍니다.
공간을 사용할 사람의 요구를 충족하고,
그의 취향을 반영하면 되는 거죠.

공간의 주인인 제 친구는 심플한 걸 좋아하는 사람입니다.
이렇게 변화를 준 공간 역시 친구를 닮아 있네요.

갓 자취를 시작하여 최소한의 짐으로 생활하니
지금과 같은 모습이 유지되고는 있지만
그녀도 살다 보면 짐이 하나둘 늘겠지요.
짐이 늘면 어떻게 자신의 스타일대로 공간을 채워나갈지
저도 궁금해집니다.

사람을 닮은 공간, 공간을 닮은 사람 03
센스 만점 부부, 친구의 신혼집

각박한 서울살이에 지칠 때 항상 위로가 되어준 고향 친구가 있습니다.
그 친구가 결혼을 한다더군요.
결혼이 먼 얘기일 것만 같던 어린 시절,
"네가 결혼하면 신혼집을 꾸밀 때 조금이나마 도움을 줄게!"
약속한 게 떠올랐습니다.

서울 어느 동네에 작은 방 두 개짜리 집에서
두 사람만큼이나 아기자기하게 시작한 신혼 생활입니다.
워낙 센스 있는 부부인지라 나머지는 알아서 예쁘게 정리하고 살아갈 것이므로
안방에 친구를 위한 파우더 코너를 꾸며주고
요리를 좋아하는 남편을 위해 주방을 손봐주기로 합니다.

낡은 집에 새 생명 불어넣기 1단계 : 도배, 장판, 페인팅

오래된 다세대 주택의 칙칙한 몰딩, 창틀, 벽지. 어두운 톤의 가구들이 집을 더 좁아 보이고 어지러워 보이게 만든다. 도배와 장판은 집주인이 해주기로 했으니, 우리는 '무조건 바닥은 밝은 나무톤, 벽은 깔끔한 흰색으로요!'를 강조하기만 하면 된다. 그리고 넓어 보이는 효과를 주기 위해 벽과 천장의 시야에 경계를 만들던 어두운 몰딩과 문은 흰색 친환경 페인트로 직접 칠한다.

Before

요리하는 남자, 남편을 위한 아일랜드 식탁

친구의 남편은 요리하기를 즐기는 매력적인 남자! 현관에 들어서면 바로 보이는 곳에 작은 주방이 있지만 싱크대 위를 제외하면 조리대로 사용할 수 있는 공간도 턱없이 부족하고 식탁을 놓을 공간도, 결혼 선물로 받은 오븐레인지, 커피머신을 놓을 공간도 없었다. 아무리 찾아봐도 공간에 딱 맞고 필요한 식탁을 찾는 건 불가능했다. 이 숙제를 풀기 위해선 결국 맞춤 가구 제작이 답이다.

Before

하부에는 아일랜드 식탁을 설치하기로 했다. 식탁을 받치는 다리에는 밥솥과 오븐레인지 같은 주방용 전자제품 수납 기능을 더하고 키가 큰 남편에게 맞추어 바 테이블 높이로 제작했다.

인터넷 목재소에서 나무를 재단, 주문한 후 집에서 조립했다.

작지만 안성맞춤! 부부가 가장 좋아하는 공간

다행히 낡고 칙칙한 옥색으로 집도 한껏 칙칙하게 만들던 싱크대는 집주인이 하얀색 싱크대로 교체해주셨고, 원래 없던 하단 수납장까지 추가해주신 덕에 아일랜드 식탁의 한쪽 다리는 빼고 싱크대 하부장에 높이를 맞춰 목재를 얹는 방식으로 방향을 조금 틀게 되었다.

싱크대와 11자로 놓여 있어 요리할 때 동선이 편하고 높이나 폭도 사용하기에 딱 좋다며 1년이 지난 지금도 친구의 남편이 가장 좋아하는 공간이 이렇게 탄생했다. 종종 친구를 초대해 차 한잔 마시기를 즐기는 친구에게도 딱 맞는 맞춤형 가구다.

안방에도 혼자 조용히 앉아 잠시 쉴 수 있는 공간을 마련했습니다.

하얀색 벽을 기본으로 무채색 톤의 아이템을 배치하고
따뜻한 나무의 느낌을 살려 아늑한 분위기를 연출했습니다.

아기자기한 소품과 네일아트를 좋아하는 친구의 취향을 반영하여
소품들이 컬러풀하게 전시하듯 수납되어 있기 때문에
자칫 심심할 수 있는 분위기를 발랄하게 끌어올리고 있습니다.

꼭 새 가구가 아니어도 괜찮아!

결혼 전 사용하던 공간박스를 화장대에 그대로 활용했다. 친구가 크고 넓은 화장대는 필요 없고 결혼 전에 쓰던 공간박스를 리폼해서 사용하고 싶어했다. 마침 공간박스를 세웠을 때 아일랜드 식탁과 높이가 비슷해 서서 화장을 하거나 바 체어를 이용하기에 딱 좋았다. 벽을 칠하고 남은 흰색 페인트로 공간박스를 칠하고 바스켓에 자주 사용하는 것을 제외한 화장품이나 소품들을 담았다.
그리고 피규어를 전시한 폭이 좁은 선반은 사실 조명을 가리는 역할도 병행하도록 만들었다. 옥탑방 화장대와 마찬가지로 화장할 때 빛을 등지기 때문에 어두울 수 있어 선반 나무속에 T5 조명을 간접등처럼 숨겨놓은 것이다. 나무를 바니시로 마감했기 때문에 코팅이 되어 강력 양면 테이프로도 충분히 잘 고정된다.
화장대 측면에는 같은 재질의 삼나무와 꺽쇠로 선반을 만들어 네일 제품을 전시하듯 세워놓아 아기자기함을 돋보이게 했다. 원래 사용하던 공간박스에 삼나무 몇 조각을 더해 만든 친구를 위한 공간이다.

 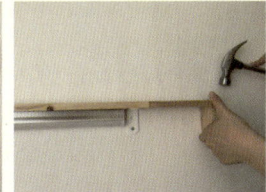 

화장대에 간접등 달기

1. 먼저 꺽쇠를 이용하여 위판을 벽면에 고정합니다.
2. 양쪽 측면도 전기 타카를 쏘아서 위판에 붙입니다.
3. 앞판 역시 전기 타카로 군데군데 쏘고 안쪽에 강력 본드로 T5 조명을 숨겨주면, 화장대의 선반 겸 간접등이 완성됩니다.

EPILOGUE 당신의 공간에도 변화가 있기를!

인테리어, 모방에서 창조로!

'방을 꾸미고 싶은데 어떻게 꾸며야 할지 모르겠어요.' '페인트를 칠하고 싶은데 어떤 색으로 칠해야 할지 모르겠어요.' 창조는 모방에서 시작된다고 했습니다. 단순하게 '아! 나는 이런 색감의 벽이 좋아 보인다!' '이런 색은 칙칙해 보여서 싫어.' '이런 공간엔 요런 가구가 잘 어울리는구나!' 정도로 자신만의 호불호를 깨닫게 되면 그때부터가 시작입니다.

선호하는 스타일을 바탕으로 마음에 드는 이미지들을 스크랩하다 보면 자신만의 데이터가 쌓입니다. 그걸 바탕으로 자신의 공간에 대한 밑그림을 그리기 시작하는 거죠. 어차피 인테리어란 공간에 개인의 취향의 반영하는 일이니까요. 특히나 요즘은 셀프 인테리어를 즐기는 트렌드를 반영한 사이트나 어플리케이션, SNS 페이지도 많습니다. 이 얼마나 인테리어 정보가 넘쳐나는 세상인가요!

국내외 리빙 브랜드 역시 주목할 만합니다. 리빙 브랜드를 떠올리면 몇 해 전 국내에 입점하여 북유럽 인테리어 열풍을 더욱 활활 타오르게 한 이케아가 가장 먼저 생각날 겁니다. 이케아 외에도 수많은 국내외 리빙 브랜드가 있습니다. 이케아나 국내 모던하우스처럼 저렴한 브랜드도 있고, 고급스러운 느낌의 브랜드도 있습니다. 인테리어에 관심 있는 사람이라면 이 브랜드들의 제품을 구입하여 스타일링해본 경험이 한두 번쯤은 있겠죠. 꼭 제품을 사거나 매장에 가지 않더라도 웹사이트를 통해 각 브랜드의 능력 있는 디자이너들의 센스를 배울 수 있습니다.

예쁜 인테리어가 보고 싶을 때 웹사이트 카탈로그를 유심히 보세요. 브랜드의 트렌드를 한눈에 읽을 수 있을 테니까요. 시간이 난다면 매장에 방문해 디스플레이와 제품을 직접 보고 자신의 공간에 어울릴 만한 소품 몇 개 구입해 오면 일상에 소소한 즐거움을 줄 겁니다. 저 역시 인테리어에 관심을 두고부터 가장 많이 하는 일은 좋은 자료를 최대한 많이 찾아보는 겁니다.

많이 보면 자연스레 내가 좋아하는 스타일을 찾아가게 될 겁니다. 다른 사람 손에 의해, 다른 사람의 취향이 반영된 집이 아닌 나만의 스타일로 집을 꾸미고 싶으시죠? 그렇다면 이미 답은 정해져 있습니다.

무조건 많이 보세요.

★ 옥탑방 그녀의 즐겨찾기

핀터레스트 http://www.pinterest.com

비주얼 기반 SNS로 제가 가장 즐겨 찾는 사이트 중 하나입니다. 관심 있는 사진이나 영상을 주제별로 모으고 체계화할 수 있다는 게 가장 큰 장점이며, 키워드를 검색하면 관련된 수많은 이미지를 제공받을 수 있습니다.

오늘의집 http://ohou.se

웹사이트, 블로그뿐 아니라 페이스북, 카카오스토리 등 SNS 페이지를 운영하고 있고 어플리케이션까지 출시된 인테리어 정보 공유 사이트. 부끄럽지만 저의 옥탑방이 '2015 오늘의집 명예의전당'에 오르기도 했답니다.
다양한 인테리어 사례와 유익한 정보를 바탕으로 인테리어가 어려운 사람들에게 모든 정보를 제공해주고자 만들어진 인테리어 전문 어플리케이션입니다. 이 어플리케이션의 가장 좋은 점은 다른 사람의 멋진 인테리어 사진 속의 제품을 클릭 한번으로 제품 정보와 구입처까지 확인 가능하다는 점!

비핸스 https://www.behance.net

전 세계 작가들의 온라인 포트폴리오를 열람할 수 있는 사이트입니다. 인테리어 카테고리에서 전 세계인들의 인테리어 포트폴리오를 볼 수 있습니다.

★ 당신의 감각을 높여줄 그곳

마샤스튜어트 http://www.marthastewart.com
TRENDIR http://www.trendir.com
THE STYLE FILES http://style-files.com
까사미아 http://www.casamiashop.com
마켓엠 http://www.market-m.co.kr
모던하우스 http://www.modernhouse.co.kr
이케아 http://www.ikea.com/kr/ko
무인양품 http://www.muji.com/kr
자라홈 http://www.zarahome.com
H&M홈 http://www.hm.com/kr/department/HOME
마리메꼬 http://www.marimekko.kr

EPILOGUE   당신의 공간에도 변화가 있기를!

저렴하고 센스 있게 분위기를 바꿔보아요!

아현동 가구거리, 논현동 가구거리, 을지로 목재소, 을지로 조명상가, 동대문 종합시장, 동대문 방산시장 등 오프라인에 인테리어 관련 수많은 핫 스폿이 있습니다. 한때 열심히 구경 다니고 실제로 물건을 구입하기도 했지만, 학생 때는 차가 있는 것도 아니니 부피가 큰 재료들은 싣고 오지 못해 기껏 가서 보고 택배나 퀵 서비스를 이용하기도 했고, 또 발품만 팔고 필요한 물건은 보지도 못하고 오는 일도 많았습니다.

또 이런 특화된 거리는 대부분 서울에 있기에 지방에 사는 사람들은 서울 한번 올라오는 것도 일이죠. 그래서 언젠가부터 인터넷 사이트를 이용하기 시작했습니다. 우리나라가 또 IT 강국 아닙니까. 원하는 물건을 쉽게 검색하고 클릭 몇 번과 나의 개인정보 일부만 제공하면 집으로 물건을 떡하니 배달해줍니다.

인테리어 자재도 미리 계획만 정확히 세워 주문하면 2~3일이면 집에 배달되어 옵니다. 심지어 목재까지 내가 원하는 사이즈로 정확히 재단하여 문 앞에 가져다주는 세상입니다.

이 편리함, 누려야죠!

★옥탑방 그녀의 즐겨찾기

우드킹 http://www.woodking.kr

목재를 재단하여 주문할 때 주로 이용하는 곳입니다. mm 단위까지 매우 정확하게 재단해주는 서비스를 제공합니다. 또한 아무래도 목재는 무게와 크기 때문에 배송이 걱정되는데 배송이 빠르고 5만 원 이상 구매하면 배송비가 무료!

문고리 닷컴 http://www.moongori.com

셀프 인테리어 피플이라면 모르는 분이 없을 것만 같은 바로 그 사이트! 손잡이, 페인트, 벽지, 시트지, 조명, 타일, 패브릭, 목재, 거기에 DIY 소품까지. 인테리어에 관해 없는 게 없는 사이트라 해도 과언이 아닐 정도입니다. 최근에는 안산에만 있던 오프라인 매장이 동대문에도 오픈했다고 하니, 발 빠른 분들은 이미 다녀오셨겠죠?

데일리홈 http://www.edailyhome.co.kr

생긴 지 얼마 되지 않았고 단가가 저렴한 건 아니지만 감성적이고 예쁜 패턴의 패브릭이 많은 사이트입니다.

★공간의 분위기를 바꿔줄 그곳

손잡이 닷컴 http://www.sonjabee.com
페인트인포 http://www.paintinfo.co.kr
천가게 http://1000mania.co.kr
인씨아 http://www.incia.co.kr
비비나라이팅 http://www.vivina-lighting.com

옥탑방 인테리어

2016년 6월 20일 초판 1쇄 발행

지은이 | 김윤영
펴낸이 | 이동은

편집 | 박현주

펴낸곳 | 버튼북스
출판등록 | 2015년 5월 28일(제2015-000040호)

주소 | 서울시 동작구 현충로 151, 109-201
전화 | 02-6052-2144
팩스 | 02-6052-2214

ⓒ김윤영, 2016
ISBN 979-11-955738-8-2 13590

*본서의 내용을 무단 복제하는 것은 저작권법에 의해 금지되어 있습니다.
*파본이나 잘못된 책은 구입하신 서점에서 교환해 드립니다.